BAMIYAN

中道ママ バーミヤンを行く!

中道貞子 著
NAKAMICHI Teiko

クリエイツかもがわ
CREATES KAMOGAWA

中道ママ　バーミヤンを行く！＊もくじ

序　章　5

第1章　チャプダラ校の先生たち　13
2007年の先生たち……14
若い先生たち……21
全員が正教員に……24
チャプダラでの昼食……26
教師陣の充実……30

第2章　チャプダラ校での授業実践　33
鳥の骨格標本を使って……34
花のつくりの観察……35
顕微鏡観察……37
フルーツバスケット……43
はじめてのカードゲーム……44
絵の交流……46
ナジブラの授業観察……48
糸電話づくり……49
タマネギはどの部分を食べているの？……50
酸とアルカリ……52
授業観察……54

第3章　チャプダラ校訪問記　57
新しい校長（2008年）……61
シュクロアとナウローズ・アリ（2009年）……63
屋根修理とティーチャーズデイ（2010年）……68
初めてのEメール（2011年）……72
悲喜こもごも（2013年）……77
大満足の訪問（2017年）……81

第4章　アリフのこと　91

アリフとの出会い……92
日本での手術実現に向けて……93
アリフの来日……98
寄付集めを通して……100
病院生活……102
帰国の途へ……106
高校進学（2010年）……109
アリフの結婚（2011年）……113
長男の誕生（2013年）……115
手術から8年（2017年）……116

第5章　バーミヤンの風景　119

バーミヤンへの道……120
バーミヤン空港……122
バンデ・アミールへ（2009・10年）……128
みんなでバンデ・アミールへ（2017年）……133
東大仏と西大仏……139
バーミヤン教員養成学校（TTC）訪問……141
バーミヤン大学訪問……151
バザールの風景……155

第6章　カブールにて　159

ディーバ家の人々……160
カブール大学で活躍する元留学生たち……168
カブール大学での講義……171
カブール教育大学訪問……177
サイドジャマルディン教員養成学校（TTC）訪問……185
マリアン女学校訪問……189
カブールの風景……199

おわりに　205

序　章

私のアフガニスタンとの関わりは、2002年7月初旬の夜、自宅にかかってきた附属学校部長からの電話からはじまりました。このときのことは、『中道ママ　アフガンを行く！』（08年）にも書いたのですが、とても印象的な出来事でしたので再掲したいと思います。

「奈良女子大学では、アフガニスタン女子教育支援を行うことになりました。中道さんにもそのお手伝いをお願いしたいと思っています。ついては、アフガニスタンからの先生方を迎えるにあたって、事前調査団を派遣することになりました。それに加わっていただくことになるかもしれません」

当時、私は奈良女子大学附属中等教育学校に勤務していました。翌日参加した大学での委員会で、「大学から一名が事前調査団に参加しますが、附属からあなたが参加してくれませんか」という打診を受けたのです。好奇心旺盛な私は「いいですよ」と迷うことなく即座に了承、このときから私のアフガニスタンへの関わりが始まりました。

当時の文部科学大臣は遠山敦子氏で、5女子大学（お茶の水女子大・津田塾大・東京女子大・日本女子大・奈良女子大）の全学長が女性でした。アフガニスタンでは、長い間、女性が教育を受ける機会を奪われていたことから、20人のアフガニスタンの指導的女性教育者を日本に招いての約1か月の研修が、03年2月に実施されることになったのです。当時、アフガニスタンについての情報は少なく、本当に、20人もの女性が来日できるのかさえよくわからない状況でした。現地の様子を知るための事前調査団が結成され、02年8月末、カブールを訪問することになりました。5女子大学からそれぞれ1名、そして、附属学校をもつお茶の水女子大、日本女子大と奈良女子大の附属から教員が1名ずつ、合計8名での訪問でした。団長の藤枝修子先生の専門は化学、日本女子大附属の田中若代先生の専門は物理、私の専門は生物です。

ナディール局長と８人の訪問者

ソ連軍の侵攻と撤退、各派間による内戦、そしてタリバン支配と、23年に及ぶ戦争で何もかもが破壊されました。長年、実験などが実施されたこともないアフガニスタン。折角、理科の教員が訪問するのだからと、附属学校から参加した教員が、模擬授業を行うことになりました。理科教育においては観察・実験はとても大切です。田中先生は偏光板を用いた光の授業を実施されました。私は古い顕微鏡一台を持参し、細胞観察の授業を行いました。初めてのぞいた顕微鏡の世界に、「先生、細胞って美しいですね」と、生徒たちは目を輝かせました。日本では当たり前の顕微鏡観察で、高校生がこんなに感動してくれるなんて！　私にとっては、子供たちのきらきらした目が何よりも印象的でした。

翌年3月と8月には、JICAから理科教育の短期専門家として、再びカブールを訪問することになりました。当時の私は、勤務校では副校長の立場でした。アフガニスタンに惚ける私は「超わ

顕微鏡観察を終えて（ルマイ・シャヘード女学校）

がままな副校長」とか「出る杭は打たれるが、出過ぎた杭は打たれない」とか称されることになりました。当時、アフガン支援は大学の大きなミッションでしたから、私がアフガニスタンに関わることは、決してマイナスではないことを理解してくれている同僚による命名です。このネーミングがとても気に入った私は、その後、いろいろなところで「出過ぎた杭になりましょう」と、一歩前に出ることをためらう人に呼び掛けています。

3月は、サイドジャマルディン教員養成学校、8月はアフガニスタン教育大学（後に、カブール教育大学に改名）を拠点として活動しました。どちらも、観察や実験を取り入れたワークショップを中心とした内容。3月は、日本での研修に参加した教員養成学校講師のロウジアが、助手を務めてくれました。また、8月は、教育大学のアサドラとナビが、カウンターパートとして働いてくれました。このときのことは、『中道ママアフガンを行く！』の中で「理科実験事始め」として紹介しています。8月のワークショップに参加したマリアン女学校のライリマはとても熱心な先生であり、その後、何度も彼女の授業に参加することになります。

教育大学滞在中のある日、同年10月から奈良女子大学に国費留学生としてやってくる予定のディーバと、息子のサミールに出会いました。その時は、わずかに言葉を交わしただけですが、一人で日本に来ることに不安げで、ちょっと頼りなさそうに見えました。サミールもか細くて小さな少年でした。彼女がとても強い「ヨスフザイ家のゴッドマザー」であることがわかるのは、ずっと後のことです。やがて、ディーバは私のアフガンの娘のような存在になっていきます。と同時に、アフガン滞在中は、かいがいしく世話をやいてくれるアフガンの母ともいえる存在です。

最初は、5女子大学コンソーシアムの活動に加わるという公的立場での関わりでした。また、03年3月と8月も公的立場での訪問で、いずれも活動場所はカブールでした。この間、私がいつか行ってみたいと思い始めた場所がバーミヤン。大学時代を含め、人生の半分以上を過ごしてきた「奈良」は大仏で有名です。教員として勤務した奈良女子大学附属中等教育学校は、近鉄奈良駅からバスで15分ほどの所に位置しています。バスは世界遺産である東大寺の近くを通ります。たくさんの鹿がのんびりと草を食む姿を眺めながら、奈良公園の中を通勤するという日常は、同じく世界遺産であるバーミヤンへの憧れをますます強いものにしていきました。

そんな思いを抱き始めたころ、大阪の中学生たちが、バーミヤンで学校建設に取り組んだという新聞記事を目にしました。私は早速、大阪にあるセーブ・ザ・チルドレン・ジャパンの事務所を訪問して、校舎建設費の寄付を申し出ました。最初に紹介された女学校は、バーミヤンの中心から車で4時間ほどもか

校舎建設前　強い日差しのもとで勉強（写真提供：セーブ・ザ・チルドレン）

かる所でした。私は、校舎建設費の寄付をするだけでなく、校舎が完成した後には、自分で学校を訪問して子供たちを見守りたいと思っていました。もっと近くにある学校をと希望し、紹介されたのがチャプダラ村の小学校でした。２００４年度には5年生までしかなく、生徒数は約３００人でした。丘の上にある学校には校舎がなく、子供たちは、ぼろぼろのテントの中や強い日差しが照りつける屋外で授業を受けている写真が、セーブ・ザ・チルドレンから送られてきました。写真を見ると、女の子もちゃんと学校に通ってきていることがわかりました。アフガニスタンでは、女子教育に否定的な親のいる地域もあると聞きますので、女の子が通学していることは、私にとってとても大切なことです。それで、チャプダラ校の校舎建設をお願いすることにしました。04年に工事が始まり、紆余曲折はありましたが、05年秋に校舎が完成しました。10月には学校を訪問し、オープニングセレモニーを開催しました。私は「教育は、自分の

オープニングセレモニーであいさつ

ためだけでなく、国の未来にとってもとても大切です。しっかり勉強してください。私はこれからもチャプダラ校を訪問し、皆さんの成長を見守りたいと思います」とあいさつをしました。

06年と07年の訪問については前著の中で触れています。この本ではそれ以降の訪問についてお話ししたいと思います。

近年は治安悪化に伴ってビザ取得が困難となり、チャプダラ校訪問がとても難しくなってしまったことが残念でなりません。また、世界のあちらこちらで新しい紛争が起こり、アフガニスタンへの人々の関心も薄れ始めているように思えます。再び、アフガニスタンが見捨てられた国にならないことを願いつつ、私とアフガニスタンの関わりをご紹介します。

私のライフワークは、「生きものに学ぶ生物教育」「生きものってすごい！　生物は面白い！　を人々に伝えること」です。アフガニスタンとの関わりの中でも、このことがいつも頭にありました。ですから、これから私の活動を紹介するこの本の中でも、理科の授業にたくさん触れることになります。専門外の方には、ちょっと退屈かなあと心配ですが、お付き合いいただければうれしく思います。

＊アフガニスタンの人々は敬称をつけて呼んだり、つけなかったり、いろいろな場合があるので、本書ではすべて敬称を略しています。また、名前の呼び方が違うことが判明した人については『中道ママ　アフガンを行く！』と名前が違っていることがあります。

第1章
チャプダラ校の先生たち

2004年に学校建設を依頼したセーブ・ザ・チルドレンから送られてきた学校のデータの中に、当時のチャプダラ校の教員構成の記録がありました。12年生卒3人、11年生卒1人、10年生卒1人の男性教員5人と9年生卒の女性教員が1人、合計で6人の教員がいるとのことでした。12年生卒は高校3年を終えたということであり、9年生卒は中学を終えたということですから、先生といっても、中学や高校しか卒業していないのです。それでも、女性教員が1人いたことはうれしかったのですが、翌年に学校を訪問したときには、男性教員ばかりでした。06年から11年までは毎年、そして13年にもチャプダラ校を訪問しましたが、女性教員の姿はありませんでした。不便な田舎の学校に、遠くから来てくれるような女の先生はなく、さりとて、小学校も卒業していない女性が多いチャプダラ村では、教員になれるような女性がいないのが現実です。

最初の頃は滞在期間も短く、ばたばたと時間が過ぎるだけで、先生方の名前を覚える余裕はありませんでした。それでも、毎年訪問する中で、少しずつ、先生方の名前もわかり、性格も垣間見えるようになっていきました。この章では、そんなチャプダラ校の先生たちを紹介したいと思います。

2007年の先生たち

教職員メンバーは、ハミドラ校長と7人の先生に用務員のアリムを加えて9人。写真に写っている先生たちの他にもう一人の教員カリミがいました。ハミドラは気のいい校長でしたが、管理職としての能力に欠けていることは、わずかな訪問期間でもわかりました。また、06年には英語の授業を担当していましたが、英語を全く話せないハミドラが担当というのが不思議でなりませんでした。翌年には他の学校に異動となり、ハミドラと顔を合わせるのはこの年が最後でした。

チャプダラ校の先生たち（07年）
左から、村人、アリム（用務員）、ハミドラ校長、ワハブ、ハッサン、ワヒド、サイード・アリ、ヤシン、カディール

ワハブは、初めて会ったとき、「写真を撮って！写真を撮って！」と授業をほっぽり出し、自分の子供たちの手を引いてやって来ましたので、第一印象がよくありませんでした。08年、職員室に座って先生方の様子を見ていると、授業のない先生を除くと、みんな授業に行っているのに、ワハブだけはちょくちょく職員室にいてふらふらしています。「授業に行きなさい！　あなたがここにいる間、3年生の面倒を誰が見ているの！」と怒ると、他の先生はにたにたしています。用務員のアリムもワハブのお尻を叩いて職員室を追い出します。校長は「先生の質確保のため、ワハブを指導してくれるような先生が必要だ」と言うのですが、それは校長の仕事じゃないの？　と、内心思ってしまいます。翌年、4年生の人数がとても少ないことが不思議でした。理由を聞くと、ワハブが担任したクラスの生徒がたくさん落第したというのです。

アフガニスタンでは、小学生でも、出席日数が不足したり、年度末に行われる試験で合格点がとれなかったりすると落第するのです。09年にはいなくなっていましたのでほっとしていたら、13年にまた舞い戻ってきていて、随分がっかりしたというのが正直な気持ちです。私が嫌っているのを感じているのでしょう。最近は、「写真を撮って！」としつこく言うことはなくなりましたが、それでも、「写真撮ってほしいなあ」という顔をして近寄ってきます。「もっと真剣に生徒を教えることに集中しなさい！」と言いたくなる教員です。

カディールは09年までチャプダラ校の先生でしたが、10年には姿がありませんでした。しかし、彼も13年には教員として戻ってきていました。ワハブが戻ってきたときには随分がっかりしましたが、カディールが再び戻ってきたことはとてもうれしく思いました。彼はいつも優しい笑みを浮かべた物静かな青年です。脚に問題を抱えて歩けなかった生徒であるアリフの弟でもあります。

ハッサンは村の有力者でもあり、チャプダラ村以外に、バーミヤンのバザール近くにも家があって、それぞれに家族がいます。両方合わせると20人くらい子供がいるとのことでした。カディールの叔父さんでもあります。心臓発作で16年に亡くなったのは気の毒なことでした。17年には、写真入りの額を2つ準備し、それぞれの家族に差し上げました。

サイード・アリは08年まではチャプダラ校の教員でしたが、その後、他の学校に異動しました。それでも、家がチャプダラ校の建っている丘のふもとにあるので、学校までは歩いて10分足らず。私の訪問を聞きつけると、必ず学校にやって来ます。先生方へのプレゼントは、いつも彼の分も準備しています。そして、私が学校を退出する頃には家の前で待っていて、「写真を撮ってくれるとうれしいんだけど……」と

ワハブと娘たち

左から、カディール、ハッサン、サイード・アリ

遠慮がちに声をかけてきます。最初の頃は、「学校に壁を作って」「井戸を作って」などと、いろいろな要求を先頭に立ってまくしたてる先生でした。学校行事があるときは、長々と演説をする先生でもありました。最初は好きになれませんでしたが、先生方にも信頼されていて、的確なアドバイスをすることもあるので、今は頼りになる人物と思っています。ムッラーでもあり、村の有力者の一人です。

註：ムッラー　イスラム教の法や教義に深く精通したイスラム教徒の男性に対する尊称。イスラム聖職者やモスクでのリーダー格の人物を呼称するために使われる。

ワヒドは一番年長の教員。06年当時は50歳を過ぎたばかりでしたが、随分歳をとっているように見えました。60歳を超えた今もチャプダラ校で教えています。10年に話した折には、前年に新たに子供が産まれたと言います。現在の奥さんは4人目で28歳、今生きている子供は全部で18人とか。この年は宝塚・アフガニスタン友好協会の西垣敬

子さんがチャプダラに同行していました。彼女が、「女は子供を産む機械じゃないのよ。お産のたびに体が弱るんだから。奥さんの健康に気をつけなくては！」と強い口調で言っても、「うちの妻は丈夫だから。これはアフガンの習慣だ」とにたにたしながら平気な顔をしています。他の若い先生も笑っているだけです。しかし、若い先生方に、何人くらい子供がほしいかを聞くと、1人〜4人という答えが返ってきました。もっとも、17年になって、他の先生から「ワヒドには、そんなにたくさんの子供はいないよ。冗談を言っているだけさ」と言われることになるのですが、何でも真に受ける私は、それまでずっと彼の言を信じていました。

カディール、ワハブ、ハッサンの3人がしばらく不在だったのは、教員資格を取得するためにイスラム学校に行っていたという説明を他の先生から受けました。彼ら3人の教員

カリミ（左）とヤシン（右）

最年長教員のワヒド

と一番年長のワヒドは、主として1年生から3年生までの低学年の担任として全教科を教えることが多く、専科としては、ダリ語・アラビック・イスラミック・コーランなど、言語や宗教に関係した授業の担当です。

07年に赴任した20歳のヤシンは、セントラル男子高校を卒業したばかりの英語教員でした。はじめのうちは意味不明な英語で、コミュニケーションをとるのも難しかったのですが、年を重ねるごとに、少しは上達していったように思います。冬の間、3か月の研修がバーミヤンのセンターであり、毎日通ったといいます。そして、東北地方を大津波が襲った11年3月、たどたどしい英語のEメールが届き、それ以来、彼とはメールでやり取りをするようになりました。彼のメールはパズルを解くように読まないといけない英文です。何が原因なのかは知る由もありませんが、13年に訪問したときには教員ではなくなっていました。それでも、チャプダラ村に住んでいますし、彼以外に英語でメールを送れる先生もいませんでしたので、結局、その後も彼が連絡役を務めることになりました。何度言っても You must come to Chapdara とか、You should……という書きぶりのメールを出してくるので、「私はあんたに命令される筋合いはない！」という気持ちになってしま

自宅の前のカリミと子供たち

います。彼には腹を立てることも多いのですが、それでも、彼とのメールでのやり取りは、チャプダラ校と私をつなぐ細い糸としての役割を果たしてくれました。

カリミは、いつもにこにこしている気のいい先生です。彼の家は学校からバーミヤンの中心に戻る道の途中、歩いて30分ほどのところにあります。写真の後ろの方に写っているのが彼の家です。

08年には、ハミドラが去り、カリミが新しい校長になっていました。「何度も何度も教育局にかけあって8年生までのクラスができたんだ」と得意そうでした。しかし、翌年には2年生の担任をしていました。夜、学校に泥棒が入ってロッカーが壊され、本が盗まれたというのです。ぐちゃぐちゃに壊れたスチール製のロッカーだけが残っていました。カリミはその責任をとって、校長の任務を解かれたのです。

10年にバーミヤンのセンターにある教育局に異動となり、その後はずっと教育局で働いています。

若い先生たち

08年になると、ハミドラが去って、2人の若い先生が加わり、9人の先生と用務員のアリムをあわせて、教職員は10人になっていました。新しくやってきたのは、アリ・アガとカビール。アリ・アガは19歳で、10年生の現役高校生でもあります。午前中、チャプダラ校で教え、午後は高校で学んでいるのです。担任はもたず、パシュツー語を教えていました。カビールはセントラル男子高校卒で、物理と化学を教えていました。17年の訪問で、チャプダラ校の校長となった彼とうれしい再会を果たすことになります。

09年、チャプダラ校を訪問すると、今日赴任したばかりというハヤタラ校長がいました。5年前にセントラル男子高校を卒業し、2年前にバーミヤン大学生物学科を卒業して、隣の学校の教員になったと言います。「じゃあ、3年で大学を卒業したの?」と聞くと、にたにたしながら、そうだと言うのです。でも、それは真っ赤な嘘だったことが、13年にバーミヤン大学に通い始めたことでばれることになります。私が生物の教員ということを知って、そんなことを言ったのでしょう。赴任したばかりというのに、早速、「割れた窓ガラスを何とかしてほしい」「机といすが必要」「ベルがほしい」「校舎のまわりに壁をつくってほしい」「教室が不足している」などと言いたい放題です。こうしたおねだりに、最初のうちは、「私は金の成る木じゃない!」と随分腹立たしい思いをしました。ですが、毎年、同じようにたくさんの要求を突き付けてくるので、まあ、あいさつ代わりのことなんだと思うようになり、やがて、にこにこ聞き流せる

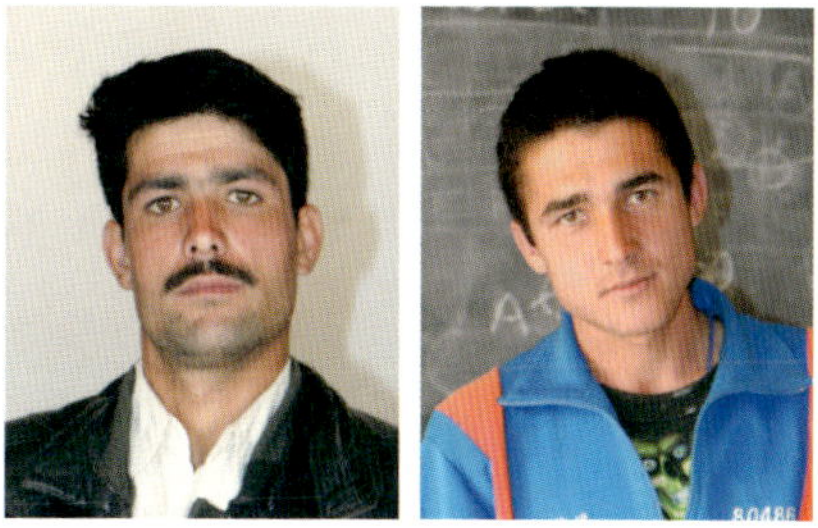

新しくやってきたカビール(左)とアリ・アガ(右)

09年の先生たち　前列左からナジブラ、ハッサン、ハヤタラ校長、ヤヒア、カリミ、カビール
後列左からアブドゥルカシム、ヤシン、カディール、アリ・アガ、バシール、ワヒド

ようになりました。

教員の異動もありました。あのルーズだったワハブがいなくなり、丘のふもとに住むサイード・アリが別の学校に異動になって、代わりにやってきたのは、バシール、ナジブラ、ヤヒアの若者3人。いずれも、ホランコッシュ高校の12年生とのことです。随分年齢層が若返りました。ヤヒアは英語教員ヤシンの弟です。彼らの給料は1時間の単価が30アフガニ（約60円）、1か月では約2000アフガニになるということでした。用務員も、学校の近くに住むアブドゥルカシムに替わっていました。泥棒が入って以来、彼が夜警として働いているとのことでした。1か月の手当てが1500アフガニとのこと。教職員あわせて12人になりました。アリ・アガは今年もまた担任をもっていません。前年は校長が2年生の担任を兼ねていましたが、この年、校長は担任をもたなくてすむようになっていました。

10年に訪問したときには、ハヤタラは校長になって2年目。1年が過ぎて、だいぶ慣れてきた様子が伺えました。この年の教職員数は13人になっていました。でも、正規教員は、ハヤタラ校長（28歳）、ヤシン（23歳）、ワヒド（56歳）、フィルーズ（19歳）、ハッサン（55歳）の5人だけで、後は非常勤講師です。ヤシンはチャプダラ校に赴任して4年目です。今回は彼が通訳を務めてくれました。学校内の簡単なことには用が足りるのですが、細かい交渉事などになると、彼の通訳ではストレスがたまります。新しく赴任したフィルーズは、高校を卒業したばかりですが、正規教員として生物と化学を担当していました。

ムッラーになったナジブラ（上、17年）と手紙、下はフィルーズ

非常勤講師は18歳から24歳までの若者でしたが、その多くは、午後にはホランコッシュ高校で学ぶ生徒たちでした。ナジブラ（24歳）は歴史と地理の教員で、学生ではありません。彼は、上に紹介するようなきれいに描いた絵と手紙をプレゼントしてくれました。17年には教員の中に彼の姿はなく、ムッラーになったことを聞きました。それでも、「忙しくて時間がとれなくて来るのが遅くなりました」と言いつつ、私の滞在中に会いに来てくれました。すっかり落ち着いた雰囲気が漂っていました。

絵に添えられた文章は詩だそうです。

蝶はロウソクの火の側を飛び回って愛を現している

先生の集合写真（13年）前列左からワハブ、ワヒド、カディール、村人、
後列左からアガフセイン（通訳）、ヤヒア、ナジブラ、イザトラ、私、ナジブラ、
ハイバトラー、ハッサン、ハヤタラ校長、フィルーズ、村人

ハエは絶対にこんなことをしない
愛する人への思い、ハートや目から血が流れる
ほど愛している

と言った内容で、なんだか、恋人にあてたような文言です。添えられた手紙には、私の人間味あふれる支援への感謝、アフガニスタンという国やイスラームの紹介、日本の子供たちへの感謝と自立したいと思っていること、自分たちもいつか人の助けをしたいと思っていることなどが書かれていると、訳していただいた方からは説明を受けました。

全員が正教員に

11年になると、高校生の非常勤講師ではなく、高校を卒業した人を先生に迎えるようになっていました。これは、学校評議会のメンバーからクレームがついたためということでした。

12年にはアフガニスタン訪問が叶わず、13年に訪問すると、すべての教員が正教員になっていましたが、11人しかいません。もう一人いるという教員は大学入学試験に合格し、サマンガン大学が受け入れてくれるなら、チャプダラ校の先生は辞めるとのことでした。年度の途中にどうしてこんなことになるのか不思議に思いながら話を聞いていました。カディール、ワハブ、ハッサンは宗教学校で教員の資格を取ったと聞きました。最終学歴が高卒の教員が6人いました。その中で、ハイバトラーと、理科を教えているナジブラは教員養成学校の1年生、フィルーズ、ハヤタラ校長、イザトラの3人はバーミヤン大学生物学科の1年生だというのです。彼らは、夜間の学校に通って、教員養成学校や大学卒の資格を取ろうとしているのです。バーミヤン大学に通う3人は皆、生物学科だと言います。「どうして?」と聞くと、「あなたが生物は面白いっていうし、いつも楽しそうに教えているから」という返事が返ってきました。とてもうれしいことですが、もっといろいろな学科で学んだ方が生徒のためになるのではと、ちょっと複雑な気持ちです。10年に講師をしていたヤシンの弟のジクリアも同様に生物学科で学んでいるとのことでした。この年は、ヤシンのもう一人の弟であるヤヒアが化学を教えていました。彼は教員養成学校化学科卒です。キャリアを積むと給料が上がることが、インセンティブになっているのでしょう。当時、先生方の給料は日本円にして9000円から12000円位とのことでした。

ある日、学校に行くと、学校評議会の面々が職員室に集まって、何やら難しい顔をして話し合っています。突然、ヤヒアが遠い学校に異動を

学校評議会の面々

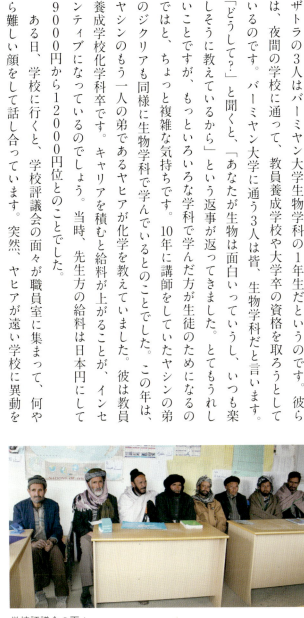

命じられたというのです。校長と学校評議員会との話し合いがあるというので、私たちは、校長を残して学校を退去し、ヤヒアの家で昼食をとりました。この日は兄のヤシンもいて、「校長はヤヒアをフォラディ高校に移そうとしている。ヤヒアは非常に優秀なので、彼に校長の座を奪われるのを恐れてのことだ」といいます。若いヤヒアが校長に向いているとは思えませんが、教員はみんな、今の校長はだめだとけなしています。学校評議員が集まっていたのは、ヤヒアを学校に残すためで、校長が教育局に出かけて、ヤヒアを残留させるように交渉することになったといいます。ヤヒアは何日か欠席しましたが、何とか復帰できたようでよかったと思います。

チャプダラでの昼食

チャプダラ校を訪問したときの昼食は、たいてい、先生のお宅でごちそうになります。「うちにはいつ来てくれるの?」と多くの先生からのうれしいご招待です。例えば、10年の訪問時には、2日目はハッサン宅、3日目は校長宅、4日目はヤシン宅というように。ハッサン家では、自家製のバターとクリーム、ナンとヨーグルト、チャイ（お茶）がメニュー。昼食後には、リクエストに応じて、別の部屋で奥さんや子供たちの写真を撮ります。アフガニスタンでは、よその男性がいるところには女性は決して顔を見せません。しかし、私は女性なので、彼女たちの部屋にも自由に出入りができるのです。みんな写真が大好きなので、いつも、写真を撮ってもらうことをとて

ハッサン家で昼食

も楽しみにしています。撮影した写真は、次回訪問するときに持参します。それぞれの先生の名前を書いた袋に写真を入れて手渡します。奥さんが一緒に写っている写真は、男ばかりの写真の下に忍ばせ、決して他の先生方の目に触れないようにします。いつも、そんな配慮をしてもらえることがわかっているので、彼らも安心して「写真を撮って！」と言ってくるのでしょう。

翌日は校長宅で昼食。昼食が始まる前には、手を洗うための水を入れたポットと、水受けが運ばれてきます。食事には、たいてい何人かの先生方も同席しますので、女性は顔を出しません。小学生の男の子もちゃんとお手伝いです。手をさし出すと、水をかけてくれ、その後にはタオルを渡してくれます。そして、食事を運んでくるのも男たちです。校長宅のメニューは、ナン・マメ入りコルマ・チャラウ・サブジがメニューでした。食後、部屋からよそ者の男どもが出て行き、代わって次々に女性や子供たちが現れました。校長の父親を囲んで家族写真を撮っていると、少し遅れて母親もやってきました。父親と一緒に写真を撮りましょうと手招きすると、ペロッと舌を出して横にちょこんと座りました。何ともかわいらしいお母さんでした。

食事をしながら、いろいろな話をします。校長の家の一角にはた

校長宅にて

サブジ・チャラウ・ナン・豆入りコルマ

コフタ・生野菜・ナン

カブリパラウ・コルメモルフ

シールブリンジ

生野菜・チャラウ・ナン・コルマ

さまざまなアフガンフーズ

▶ナンはアフガンパンです。インド料理店で食べるナンのようにふわふわしていませんが、私は大好き。細長いゾウリ型や丸形があります。カブリパラウは代表的なアフガンの肉入り炊き込みご飯。▶チャラウはプレーンライス、シールブリンジは甘いミルクライスで、真ん中にバターが盛られています。アフガン人の多くは好みますが、私はちょっと苦手。▶コルマはタマネギとトマトの煮込み料理で、鶏肉（モルフ）入りをコルメモルフと言います。私はヒヨコ豆とジャガイモの入ったコルマが大好きです。▶コフタはミートボール。▶サブジはホウレンソウのくたくた炒め。私は、ほうれん草はお浸しにして食べたいところですが、アフガンでは、タマネギとニンニク入り。たっぷりの油でいためてあります。▶お店では、ケバブとよばれる串焼きもポピュラーですが、先生のお宅では出てきません。右上の写真に写った生野菜はニラだけですが、トマト、キュウリ、タマネギなども生で添えられています。ここには写っていませんが、たいてい、ヨーグルトと砂糖も出てきます。

喜寿を迎えたカビールのお父さん（17年）

カビールの父と立ち話（10年）

くさんの建物があり40人くらいが住んでいるといいます。昼食には、少し英語ができるいとこが同席しました。村には水があるので、水力発電をしているといいます。一つのタービンで、15㎾の電力が供給でき、これで60家族分になるとのことでした。でも、水の量によって発電量が変わるようです。バーミヤンは、ニュージーランドのＩＳＡＦが復興支援をしているといい、事業の一つとして、タービンを設置してくれたそうです。管理はシューラ（村の評議会）が行っていて、１か月50アフガニを支払うとのこと。一方、チャプダラ村のように、水のないところではソーラーが主になるという話も聞きました。

その翌日はヤシン宅での昼食。ヤシン家では、いつもはあれこれご馳走が出るのですが、この年は、「お腹の調子がよくないので、ちょっとだけにして」というお願いを聞き入れてくれたのか、ナン・ヨーグルト・カブリパラウ（肉入り炒めご飯）・サブジ（ホウレンソウ）というメニューでした。アフガン料理はおいしいのですが、健康上の理由で脂っこいものや塩分の多い食事を控えるように言われている私には、油たっぷりのアフガン料理が山盛り出される食事は、ちょっと苦手です。

いつものように別室での家族写真撮影を終え、ヤシン家を出ると、隣に住むカビールのお父さんが畑仕事をしていました。「お茶に来てよ」と手招きをしてくれます。時間がないというと、こちらにやってきました。また、カビールもやってきたので、少し立ち話をし、3人で写真を撮りました。元気で愛想のいいお父さんは、我が夫と同い年なのでこの年は古稀です。お父さんがスコップを携えています。チャプダラでは、農夫はみんなスコップ一つで畑を耕しています。17年に再会したときにはたくさんの歯が抜けていましたが、にこにこ元気に迎えてくださったことをとてもうれしく思いました。

教師陣の充実

17年、4年ぶりにチャプダラ校を訪問すると、職員室はきびきびとした雰囲気になっていました。その大きな要因は、校長が変わったことです。のらりくらりといい加減なことばかり言うハヤタラに替わって、カビールが校長になっていました。彼は、高校卒業後2年間、チャプダラ校で物理・化学を教

欠席者に文房具を手渡すカビール校長

カウカブと夫

カビール

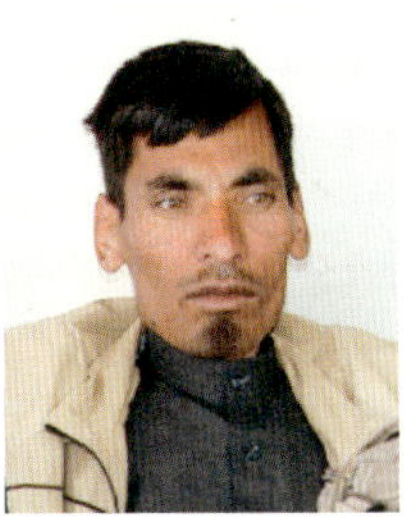

タクィ

えていたことのある先生で、すでに教員養成学校も卒業していました。17年にはバーミヤン大学に在籍し、物理・化学を学んでいるとのこと。学歴が給料に反映されることもあり、授業後に大学に通っているのはうれしいことです。13年にバーミヤン大学に通っていたハヤトラ、イザトラ、フィルーズは無事卒業、教員養成学校に通っていたハイバトラーも卒業していました。

さらに、新しい4人の先生が赴任していました。3年生の担任のカビール（29歳）は、カブール大学出身です。自宅がチャプダラ村にあるので、チャプダラ校の先生になりました。タクィ（39歳）はシバール郡出身ですが、今は家族とバーミヤン空港の近くに住んでいるといいます。そして、ものすごくうれしかったことが2つ。その一つは、女の先生がいたことです。カウカブ（26歳）は、ヤカオラン郡出身で英語を教えていました。1週間ほど前に結婚したということで、私の滞在中は、バーミヤンの中心にある家から、夫がバイクで送り迎えしていました。写真は、仲睦まじく英語の教材研究をしているところです。夫はマザリ大学の学生とのことでしたので、やがて大学に戻ることになります。その時には誰が送り迎えをするのだろうと気になりました。また、給料が安いと不満気でしたし、13人の教職員中、女性が一人というのもあまり良い職場環境とはいえません。長く勤めてくれることを願うばかりです（18年4月、通訳のアガフセインに学校の様子を確認してもらうと、彼女は産休中でした。今もチャプダラ校で教えていることがわかり、うれしく思いました)。

もう一つうれしかったのは、06年には6年生の生徒だったバシールが教員となってチャプダラ校に戻ってきたことです。重い文房具を運んだり、学校の周囲の凸凹だった地面をならしたり、率先していろんなことをする一番強く印象に残っている生徒でした。その彼が、教員養成学校を卒業し、教員となって戻ってきたのですから、こんなにうれしいことはありません。おばあちゃんが孫を見るようなとろけたまなざしで彼を見ていました。

今回は、できるだけ多くの先生の授業を観察しようと思い、時間割に従って、授業見学の計画を立てました。限られた時間ですので、1時間じっくり観察することはできませんでしたが、いくつもの授業を参観しました。以前と違い、みんな、しっかりと授業をしていました。

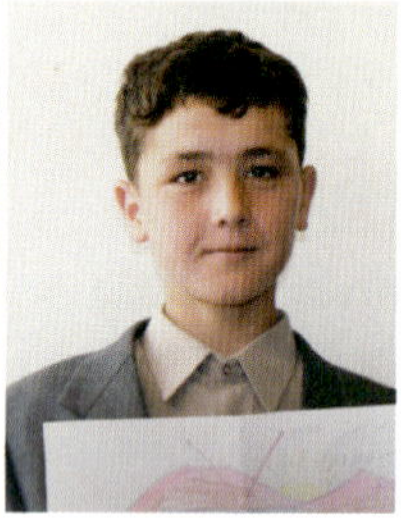

左から、地面をならす作業中（9年生）、絵を持って（6年生）、教員になって戻ってきたバシール

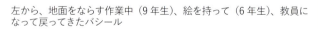

第2章

チャプダラ校での授業実践

アフガニスタンの授業は、一人ずつ順番に教科書を読ませる、一斉に唱和させる、教師が一方的に説明するといった形態が多く、地方では十分な教育を受けていない先生も多くいます。私のライフワークは「生きものに学ぶ生物教育」です。実際の生きものを通して「生きものってすごい！　生物は面白い！」を子供たちに伝えたいと願って、勤務校で授業をしてきました。退職後、非常勤講師などを引き受けなかったのは、自由にあちこちに出かける時間がほしいというのが第一の理由でした。でも、生物を教えること大好き人間の私は、あちこちで生物を教える機会をつくってきました。また、直接生徒たちを指導できなくなった今は、先生たちに私の考える生物教育を伝えることも大切にしています。この章では、そんな私の、チャプダラ校での授業実践を紹介したいと思います。同じような内容の授業をまとめたので、訪問年順になっていなくて、行きつ戻りつしますがお許しください。

鳥の骨格標本を使って

03年、理科教育短期専門家としてＪＩＣＡからの派遣でカブールに赴いた時のカウンターパートに、カブール教育大学のナビ教授がいました。08年、バーミヤンへ出発する前に大学に立ち寄ると、学生たちと製作した鳥の骨格標本を「バーミヤンに持って行くといいよ」と寄付してくれました。

チャプダラ校では、5年生を対象に、もらった骨格標本を使った授業を行いました。テーマは「骨の構造と役割」。「私たちヒトも骨格を持っているけれど、自分の骨格を直接見ることはできませんね。鳥の骨格標本を用いて、私たちの骨格を想像し、その役割を考えてみましょう」と話を始め

鳥の骨格標本

ました。

「骨の役割は何か」と質問を投げかけると、何度かのやり取りの後、「体を支える背骨」「内部を守る肋骨」「呼吸に役立つ肋骨」「運動に必要な関節」などの答えが出てきました。子供たちも一応の知識をもっているようです。しかし、ほとんどの生徒がノートを持参せず、ノートをとるという習慣は見られません。

一通りの学習を終え、「質問は？」と聞くと「ヒトの肋骨は24本（12対）だけど、鳥は？」と、ヒトの肋骨の数も学習しているようでした。「脊椎動物の中で、一番進んでいる動物は何でしょう？」と質問すると、「鳥が一番進んでいる動物」と生徒からの答えがかえってきました。脊椎動物の進化の道筋を聞くと「魚類→哺乳類→爬虫類→両生類→鳥類」という答えが返ってきました。彼らがなぜこのような順序をつけたのか、もっと聞いてみたいところでしたが、タイムアップで授業が終わってしまったのが残念でした。

カブールからのドライバーであるホマユーンが通訳ですから、生物が専門ではありません。どれだけ正確に伝わっているかはわかりませんが、子供たちもいろいろ答えてくれるので、楽しい時間でした。

その後、この標本を目にすることはなくなったので、紛失してしまったのかなあと思っていました。でも、17年、骨格標本がロッカーの中に存在するのを発見！　授業で活用されているかは不明ですが。

花のつくりの観察

「4年生は植物の構造を学習しています。根・茎・葉についてはすでに学習しましたが、花の構造はこれから学習する予定です」と説明を受けたので、08年には、花の観察授業をすることにしました。

学校へ行く道すがら、いくつかの花の観察材料を採集しました。ヒヨス（ナス科）があちこちに咲いて

花のつくりの観察（10年）

います。花が大きいので花の基本構造を学習するのに適していると思って採集しました。ヒヨスは毒性のある植物ですから、本当は、観察に使うのにはよくないのでしょうが、構造がはっきりと観察できるのに適した花がなかったので、ちょっと迷った末に利用しました。日本だったら、「毒性のある植物を観察に使うなんて！」と保護者から文句が出るだろうなあと思いつつ。このとき、生物を担当していたハッサンも「この花には毒があって食べると気がふれちゃうよ」とにこにこしていました。アブラナ科の花と実、タンポポも準備しましたが、1時間の授業では一つの花の観察で精一杯でした。

　授業では、花を一つずつちぎり、白い紙とともに配って、外観と花を開いたときの構造をスケッチするように言いました。稚拙なスケッチですが、「見て！ 見て！」と自分の描いたスケッチを持ってきます。「オッファリン（よくできました）」とほめると、とてもうれしそうです。「ここは本当にこうなっているかよく観て」などと、今度は通訳付きで指示しながら、スケッチが完了するのを待ちます。その後、何人かの生徒を前に招き、黒板に自分のスケッチを描かせました。花弁が4枚のものや5枚のものがあります。また、おしべの数もいろいろです。どれが正しいか、自分の花をよく見て確認するように促します。黒板に描かれた図の違いを比較することで、各部の数をしっかり確認させようという意図です。花弁は5枚、おしべも5本あることが確認できました。

10年にも、同じヒヨスを使って花の観察授業をしました。この年は、奈良女子大学附属小学校の生徒が描いた昆虫のスケッチを持参していたので、観察を始める前に、スケッチのしかたについても説明しました。その後、08年と同様にヒヨスの花を各人に配って、ノートにスケッチさせました。観察が終わった頃を見計らい、いくつかのスケッチを黒板に写させます。そして、何度かの質問を繰り返して、花の構造についてのまとめをしました。

顕微鏡観察

生物教育にとって、顕微鏡観察はとても大切です。顕微鏡は、肉眼では見ることのできない小さな生き物の世界を、私たちの眼の前に展開してくれます。しかし、アフガニスタンでは、カブールでさえも顕微鏡がない学校がほとんどです。まして、村の小さな学校に顕微鏡などありません。私は、チャプダラ校の生徒たちにも顕微鏡観察をさせたいと、ずっと願っていました。

09年、大阪で小学校教員をしていた桐生佳子さんから顕微鏡をご寄付いただいたので、その顕微鏡をチャプダラ校に持参し、授業をすることにしました。アフガンでは、7年生で細胞の学習をします。その時に、顕微鏡のことも学習するはずです。この年、すでに学習を終えている8年生と9年生のクラスで、顕微鏡を使った授業をすることにしました。8年生のクラスでは、顕微鏡の構造を黒板に描きました。ノートに写して、各部の名称を記入させようとしましたが、とても時間がかかります、考えてみれば、こんなに複雑な図をノートに写すのは無理だったのかもしれません。日本の子供たちとは違うので、試行錯誤が続きます。随分時間を使ってしまいましたが、顕微鏡の構造を学習した後、タマネギの表皮細胞を見てもらうことにしました。プレパラートを作り、観察の準備をしていると、先生から「アメーバは見えないの?」という質問。顕微鏡をのぞきさえすればアメーバが見えると思っているのでしょうか。ともあれ、顕微鏡にプレパラートをセットし、一人ずつ顕微鏡をのぞきに来させた後、席に戻って見えたものを記録するように言いました。授業中、ノートが机の上に出ていない子がいるのも気になります。チャプダラ校での最初の顕微鏡観察授業は中途半端で反省の多いものでした。

次に参加した9年生のクラスでは、顕微鏡の構造を図示することはせず、口頭で顕微鏡のつくりと各部分の役割の復習をしました。次に、タマネギの表皮をめくってプレパラートを作成するところを見せ、100倍で観察させます。8年生のクラス同様、顕微鏡をのぞき、どのように見えたかを、席について描くように指示しました。顕微鏡をのぞきながらスケッチするのが本来ですが、1台しかないのですから、このような方法もいたしかたありません。それでも、スケッチをするように指示すると、最初はちょっとのぞいただけだったのが、もう一度、顕微鏡をのぞきに来る生徒も多く、積極的に授業に参加してくれます。生徒のスケッチを机間巡視しながらチェックし、みんなが描き終わった頃に、一人の生徒に板書させます。みんなが観察したものと同じかどうかを質問し、違っていると答えた生徒には、どこが違うかを板書させて、説明してもらいます。こんなやり取りを繰り返した後、私がタマネギの表皮細胞を板書して、細胞膜と核があることを説明しました。その後、発表をしなかった何人かの生徒のスケッチをみんなに示し、「形は正確に捉えられていますが、核が小さすぎますね」などのコメントを与え、生徒たちのスケッチの良い点と悪い点をきちんと指摘するように配慮しました。

今度は、倍率を400倍に変えて同様にスケッチさせ、低倍率との見え方の違いを比較させました。最後に、「理科は、自分の目で見、自分の頭で考えることが大切」ということを話して授業を終えました。生徒にスケッチをさせている間に、先生には、「教師が知識を与えるのではなく、まず、生徒が主体的に学習に参加するように仕向け、教師がまとめる」という授業の進め方をするようにアドバイスもしました。

前年は十分な時間がなかったので、10年は時間割を調整してもらって、9年生のクラスで2時間続きの授業をすることにしました。授業の前には、今年から生物の授業を担当することになったナジブラと打ち合わせです。通訳は英語教員のヤシン。ちゃんと仕事が果たせるのか不安ではありましたが、ぜいたくはいえません。

09年に持参した小学生用顕微鏡は、用務員のアブドゥルカシムが自宅に持ち帰って保管しているといいます。今回は、立命館宇治高校からご寄付いただいた顕微鏡とあわせて2台を使って授業することができました。うれしいことに、前年持参した顕微鏡はきれいに保管されていました。でも、私が授業をした時以来使っていないようなので、きれいなのはうれしいけれど、ちょっと複雑な気持ちでもあります。ナ

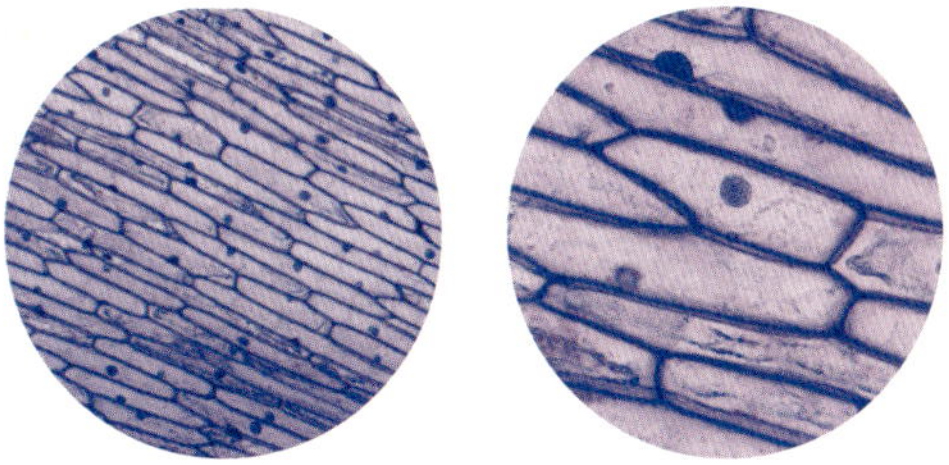

タマネギの細胞の観察（100倍、400倍）

9 年生の顕微鏡観察（10 年）

ジブラには、使い方をしっかり練習するようにと伝えました。自分で生徒を教えることはとても楽しいことですが、やはり、教員に顕微鏡の使い方はじめ、プレパラートのつくり方などについてもきちんとした指導を行い、私がいない時にも使えるようになってほしいと思います。

9年生のクラスに行き、昨年、顕微鏡観察をしたかどうかを聞くと、「しました」と。タマネギの細胞を見たこともちゃんと覚えていてくれたのはうれしいことでした。しかし、顕微鏡の各部の名称を確認し、それぞれの役割を答えさせようとしますが、答えは出てきません。カブールのマリアン女学校で顕微鏡を使った授業をすると、生徒たちからはきちんと答えが返ってきます。小さな田舎の学校ですから、顕微鏡をのぞいた経験ができただけでも、よしとしなくてはならないのかもしれません。

今回は、タンポポの緑葉と花弁の表皮細胞を見せ、細胞の中に、色の違った粒（色素体）があることを見せました。また、イシクラゲというシアノバクテリアを持参していたので、これも観察させた後、シアノバクテリアの話をしようとしましたが、ヤシンの通訳では話が通じません。もっといろいろな生物の授業をしたいところですが、通訳が大きな課題です。

13年の生物教員も以前と変わらずナジブラでした。彼は、自分のクラスに来て顕微鏡観察の指導をしてほしいと言います。13年も9年生のクラスに参加することになりました。ナジブラは、タマネギの表皮とニワトリの筋肉の観察をしたいと言い、材料も自分でちゃんと準備をしていました。顕微鏡も、用務員の家に2台ともきれいに保管されていました。ナジブラは、自分で顕微鏡の使い方の説明をしています。私はプレパラートづくりと観察の手伝いをし、「自分の席に戻ったらスケッチして」と子供たちに指示しました。何度も前に出てきて確認する生徒もいて、とても熱心に顕微鏡観察を楽しんでいました。ナジブラは、片目をうまく使って観察することができないとき、他方の目を手で隠して観察するのですが、生徒も同じように片目を手で隠す姿がちょっと滑稽でした。

17年は、4年ぶりのチャプダラ訪問です。生物を教えていたナジブラは、教育局に異動になっていました。生物は24歳のイザトラが担当です。13年には図書管理係をしていた、内気だけれど、とても真面目で責任感の強い教員です。以前に顕微鏡を使ったことがあるかを確かめると、タマネギの表皮細胞と髪の毛を観察したことがあると返事が返ってきました。今回は9年生を対象に、「花弁

タンポポ

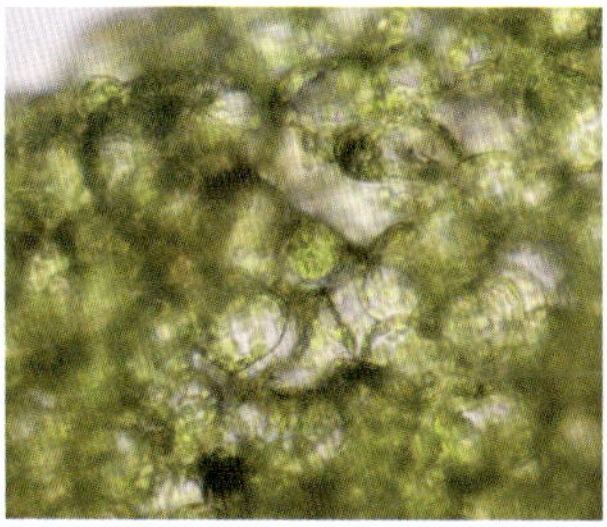
タンポポの葉

タンポポの花弁

9 年生の顕微鏡観察の授業（13 年）　顕微鏡写真は左がニワトリの筋肉、右がタマネギの表皮

と葉の表皮細胞」の観察をすることにしました。ホテルに生育しているバラの花弁と、表皮をはがしやすい葉を持参して観察材料としました。顕微鏡の構造、各部の役割、使い方について、イザトラに説明させた後に顕微鏡での観察です。顕微鏡はちゃんと2台とも保管されていましたが、1台はネジが緩んでいたり、低倍率のレンズでうまく見えなくなっていたりしていました。そのためにうまく観察ができなくて、あまり良い授業ではなかったのが心残りとなりました。顕微鏡は使ってほしい、でも、使い慣れていないので、使えば使うほど、レンズが汚れたり、ネジが緩んだりしてメンテナンスが必要。でも、それは彼らには難しい……というのが悩ましい現実です。

フルーツバスケット

08年、英語の時間に、「フルーツバスケットをしましょう」と提案しました。教室でゲームのしかたを説明した後、生徒たちから名前のあがったフルーツ

イザトラによる顕微鏡の使い方の説明（17年）

名を使ってのいす取りゲームです。校舎外にいすを持ち出してゲームを行いました。いすは3人がけの長いすしかなく、これを利用するしかありません。始め、男女が一緒に輪をつくるように言ったのですが、男子は男子、女子は女子で、決して混ざろうとはしません。しかたがないので2つのグループに分け、男女別にフルーツバスケット開始です。「3点失うと罰ゲームよ」というと、最初に3点を失った女の子は半泣き。ちょっとかわいそうだったかもしれません。男子は元気よく、女子はちょっとはにかみながら、どちらのグループもフルーツバスケットを楽しんでいたようです。

はじめてのカードゲーム

09年、元勤務校の秋山啓子先生から英語授業用のカードとCDをいただきました。CDの音声は、カセットテープにダビングをして持参しました。ゴリラ、ライオン、ドアなどの絵が描かれたカードを机の上に広げ、テープレコーダーから流れてくる英単語を聴きとって、相当するカードをとるという、いわばカルタです。その日、8年生のクラスにいた男子12人を2つのグループに分け、女子4人を1グループとしました。本来なら、テープを流しっぱなしにしておいてカードを取るのですが、ここでは、一つの単語が読み上げられるごとにテープレコーダーを一時停止にし、正しいカードがとれているかを確認して次に進むという方法をとらざるをえません。

男女に分かれてフルーツバスケット

カードを使った８年生の英語の授業
上・左から、セディカ、ロウジア、ファヒマ、ナジバ

また、ゲームに熱中してくれるのはうれしいのですが、やみくもにカードを取るだけで、しっかりテープを聴き、正しいカードかどうかを目で確かめようとしないのは困りもの。でも、今まで控え目だと思っていた4人の女生徒たちが、必死でカードを取ろうとする様子を見たのは新しい発見でした。この学年にはいつも、4人がそろって学校に来ています。チャプダラ校で初めて出会った女生徒のマリアムは、クラスに女生徒が一人しかいないことで、7年生までしか登校できませんでした。でも、妹のナジバは、仲良し4人組の一人として学校に来ています。4人の中には、教師（カディール）の妹のファヒマもいます。

絵の交流

09年、4年生のクラスでは、大阪の御幸森《みゆきもり》小学校からいただいた4年生児童たちの絵を紹介しました。日本・韓国・アフガニスタンの旗を描いた絵、いろいろな果物を描いた絵、日本の子供の服装など、とても興味深そうに見ていました。「どんな果物がすき？」などと聞きながら、いくつかの絵を紹介した後に、壁に貼り出しました。

10年の4年生のクラスでは、奈良女子大学附属小学校からもらった児童の絵を紹介した後、「日本の子供たちにアフガニスタンのことを紹介したいので、絵を描いてほしい」とお願いしました。この年は、西垣敬子さんもご一緒です。彼女が持参してくれたクレパスとクレヨンを配りました。はじめは何を描いていいのかわからないようでしたが、写真にみるようなカラフルな絵ができ上がりました。平和なアフガニスタンが実現し、いつか子供たちどうしの交流ができればいいのですが……。

日本の子供たちの描いた絵の前で　（左上の額は、オープニングセレモニーの時に渡した奈良女子大附属中等教育学校の生徒会からの写真）

上・絵を描く４年生
左・できあがった絵を持って

ナジブラの授業観察

11年は、バーミヤン滞在が3日半と少なかったので、自分で授業をするのではなく、先生方の授業を観察することにしました。

まずは、ナジブラの7年生の授業を観察しました。1授業時間は40分になったというのですが、実際に授業をしたのは20分間だけでした。まず、自分で教科書を読み、生徒に質問を投げかけ、生徒に答えさせるという授業で、一方的に話をしていないのはよいことです。今日のテーマは「維管束のない植物」でした。教科書にあるゼニゴケを黒板に描いたというのですが、何だかさっぱりわからない図でした。ゼニゴケの実物を見たことがないのでしかたないこととはいえ、黒板に描かれた絵では、ばかでかい植物のように思ってしまいそうです。教科書はカラーの新しいものに変わっていましたので、写真などでしっかり予習をしてくれたらよいのですが。

その後、新しく赴任したジャビッドの9年生の英語

コケの説明をするナジブラ

授業を観察しました。子供たちに教科書を読ませるのですが、声が小さく、はっきりしません。この授業も早くに終わってしまいました。校長には「授業時間は40分あるのだから、事前の準備をしっかりして、時間を有効に使うべきです。校長は教員の管理をし、指導もちゃんとしなくてはいけません」と強い口調で伝えました。でも、ニヤニヤしているだけで、あまり気にもとめていないようです。今年は、すべての教員を高卒の正規教員にしようとしているといいます。本来は、少なくとも教員養成学校を出ている必要があります。しかし、チャプダラ校では、いまだに、高校を卒業してすぐに教員になっているのですから、いかに教員の質を高めるかも大きな課題です。

糸電話づくり

13年、4年生の理科では耳の構造の学習をするので、糸電話づくりを計画しました。紙コップは、バーミヤンのバザールでも購入できるのですが、日本の百均ショップより高価です。それでもバザールには糸や爪楊枝も売られていますので、材料が現地調達できるのが糸電話づくりのよいところといえそうです。

爪楊枝を使って紙コップの底に穴をあけ、糸を通すという簡単な操作ですが、実験などしたことのない子供たちにとっては、なかなか難しい作業

内気なジャビッド

コケの写真の載った教科書

ゼニゴケ（写真提供：西郷孝氏）

糸電話づくり

です。時間はかかりましたが、いろいろな長さの糸を使った糸電話づくりが終了しました。

次は、皆で校舎の外に出て、2グループに分かれて音が聞こえることを調べる実験です。2人でペアとなり、短い糸電話を使って話す子供たち。次に、長い糸を使った糸電話を使い、うんと離れた位置でもちゃんと音が聞こえること、また、糸にそっと触れると振動することを確かめました。さらに、糸を緩めたり、つまんだりすると音が聞こえなくなることも確認した後、教室に入って、糸電話の糸が震えていたことから、音というのは空気の振動であることを確認して授業を終えました。

タマネギはどの部分を食べているの？

17年、イザトラに、顕微鏡観察以外に、もう一クラスの授業に参加したいと申し出ました。数年前までは、理科を教えている先生と打ち合わせをすることもなく、私が自分で授業をしていました。

でも、今は授業の前に、いくつかの案を示してどんな授業がしたいかを聞き、テーマが決まると、先生と私の役割分担も話し合って授業に臨みます。いくつか提案をした中で、「タマネギはどの部分を食べているの？」をテーマにした授業がよいとイザトラが希望し、8年生を対象にした授業を行うことになりました。

授業当日、タマネギを準備するように伝えておいたのですが、準備されていませんでした。でも、用務員のアブドゥルカシムが子供にタマネギを持ってくるように指示すると、ほどなくタマネギが届きました。タマネギはどこの家にもあるので、すぐに準備できる優れた教材です。

いよいよ授業の始まりです。導入として、「植物には花（果実）、葉、茎、根がある」ことを私が伝えます。そして、タマネギを見せて、「では、タマネギの食用部分は花？　葉？　茎？　根？」と質問です。なかなか手はあがりません。一呼吸おいて「ではまず、植物の構造と各部の働きを復習しましょう」と言って植物の模式的な図を黒板に描いた後、イザトラにバトンタッチです。それぞれの部分の役割についての復習を任せます。

復習が終わったところで、再度、同様の質問をします。多くの生徒からは「茎」という答えが返ってきました。では、「根はどこ？」「葉はどこ？」と質問をたたみかけます。質問を繰り返していく中で、生徒たちの目はタマネギにくぎづけです。いつも無表情のイザトラも楽しそうです。植物の

「タマネギの食用部分は？」問いかけるイザトラ

自分の考えを図示する生徒

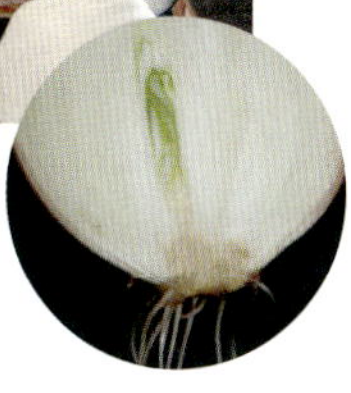

基本構造で、根は茎につき、葉も茎につくことを確認したところで、タマネギを縦半分に切り、その構造を詳しく観察させました。一人の生徒を指名して黒板にタマネギの断面を描かせます。そして、根や茎がどこかをみんなで考えます。目立たないけれど、食用部分を束ねている固い部分があること、その部分から根が出ていることを確かめ、最後に、食用部分は葉であることに気づかせて、一時間の授業が終わりました。このテーマは、カブールのマリアン女学校でも日本の学校でも、子供たちが授業に乗ってくる私のお気に入りの授業の一つです。

酸とアルカリ

17年、物理と化学を教えているフィルーズに、日本の小中学校で広く使われているBTB溶液（pH指示薬の一つ）を持参しているので、「酸とアルカリ」の授業をしたいと伝えました。酸とアルカリは8年生の授業内容なので、今年の8年生はまだ学習していないとのこと。だから9年生のクラスで授業をするのがよいというので、9年生の化学の授業に参加することにしました。

授業当日、3時間目の授業というのに、朝からフィルーズの姿が見えません。どうしたのかと気をもんでいると、同僚の先生に電話がかかってきて、バイクが故障したというのです。間に合うのかなあと心配しましたが、授業開始の5分前に到着しました。前日に依頼した石けんもちゃんと持参しています。

酸とアルカリについて学習してから日が経っているので、授業のはじめは8年生の学習事項の復習です。フィルーズは復習事項についてメモを持参しており、塩酸と炭酸カリウムを例にあげて、酸とアルカリについて説明をしました。言葉の通じない国での理科教育支援の良いところは、化学記号を使った板書から何を教えているかが類推できるところです。

フィルーズの説明が終わると、私の出番です。BTB溶液はpH指示薬の一種で、酸性で黄色、中性で緑色、アルカリ性で青色を示すことを説明しました。次に、酸とアルカリの例として、ホテルの食堂からちょっと拝借した酢と、日本から持参した炭酸水素ナトリウム（重曹）を用い、色の変化を確認しました。続いて、身近にあるもので、酸性やアルカリ性を示すものにはどんなものがあるかを質問しながら、この日準備したオレンジと石けんを用いて実験。さらに、息を吹き込むことで色が黄色くなることも紹介しました。質問がないかを聞くと、「酸かアルカリかを調べる他の方法は？」と聞かれました。私の方からは、「リトマス紙」のことを紹介しました。フィルーズは「酸とアルカリのそれぞれの特徴は？」と質問すると、酸は酸っぱいことや、アルカリはぬるぬるするという答えが返ってきました。

私が授業終了時刻を間違えて早く終わってしまいました。すると、見学に来ていた校長が少し話をしてくれました。彼は、以前、チャプダラ校で化学と物理を

酸とアルカリ

教えており、今はバーミヤン大学の夜学に通っています。数年前には授業時間をしっかり使わない教員がいたことを思い出し、こうしたところでも、授業が充実してきているようでうれしくなりました。

授業観察

17年は、チャプダラ校訪問中に、できるだけ多くの先生たちの授業を観察することにしました。まずは、フィルーズの9年生の理科の授業です。テーマは「振動」。黒板に今日のテーマを書いた後、一人の生徒が教科書を読みます。次に教師が説明を加えます。大きな声ではっきりと説明しています。その後、黒板消しに糸をくくり付け始めました。振り子を作ろうとしているのです。できあがると、それをいすにくくり付けて振らせようとします。でも、いすの脚にぶつかってしまいます。見かねて、私が糸を持つことにしました。それでも、おもりが軽いので糸がふらつき、優れたモデルとはいえません。私が席に戻ると、今度は生徒が前に出てきて実践です。経験不足は否めませんが、何

振り子の授業

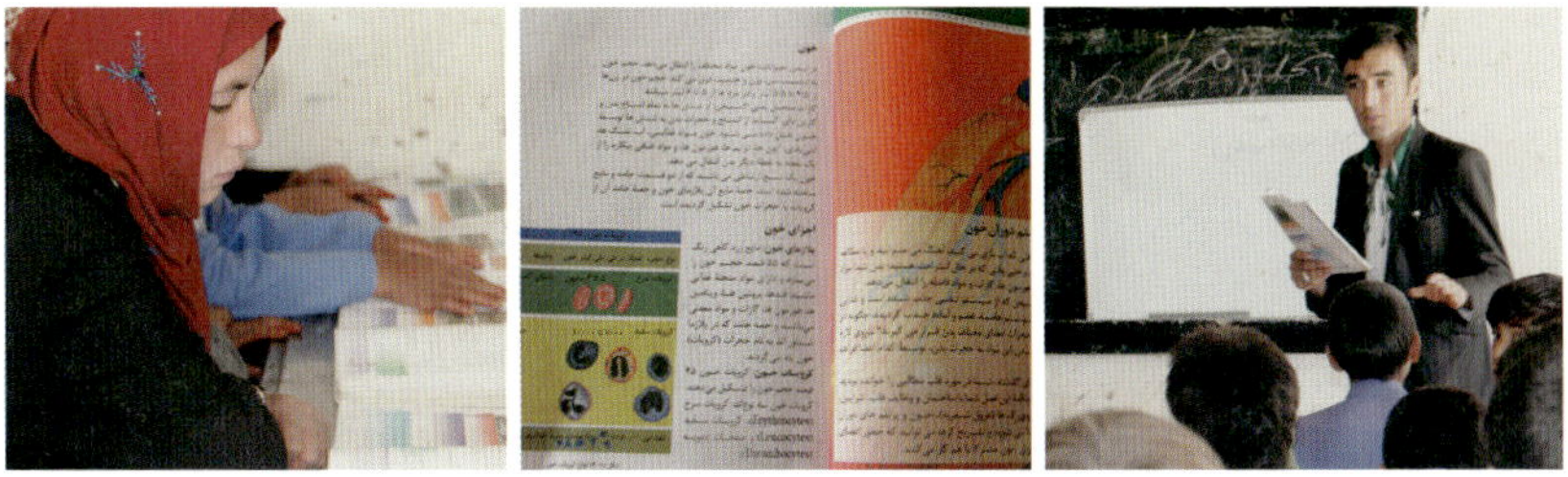

授業の様子

かを使って授業をしようとしている意欲は認めたいと思います。

イザトラの6年生の理科の授業のテーマは「鉱物」です。イザトラはとてもおとなしい先生で、声が小さいのですが、それでも生徒は授業に集中しています。はじめは教科書を開いていなかった生徒も、一人の生徒が指名を受けて教科書を読み始めると、みんな教科書に集中しています。生徒が読んでいる間に教師が板書します。すると突然、見学にやってきていた校長が通訳のアガフセインに話をするように勧めました。彼がバーミヤン大学で地質学を専攻していたことを知っているのでしょう。機会を与えてもらったアガフセインは、うれしそうに子供たちに話をしていました。通訳がいなくなってしまったので、どんな話をしたのかは不明ですが。

イザトラの9年生の生物の授業も参観しました。テーマは「血液循環」。生徒に教科書を読ませ、その間に要点を板書。生徒が読み終わると説明をするというパターンは、他の授業でもよく見かけました。ときどき生徒に質問をして答えさせています。血液量や血球と血しょうの割合などを学習し、復習をして授業を終えました。

バシールの7年生のパシュツー語の授業。まずは、机間巡視をして宿題ができているかどうかをチェックしています。それが終わると、一人を指名して音読、次の生徒を指名……を繰り返しています。ちゃんと、男女偏らずに指名しています。生徒が教科書を読んでいる間に、新しい単語を板書。生徒が読み終わると、教師が黒板の新出単語を読み、生徒がそれに続きます。発音を確認して、間違っていれば正します。教師も生徒も共にはっきりと大きな声を出していました。バシールの次の授業は体育で、ドッジボールです。以前は、男女が一緒になって何かをするなんてことはありませんでしたが、男子対女子に分かれて、元気よくボールを投げ合っています。バシールもグラウンドに立って子供たちの様子を見守っていました。

カウカブの8年生の英語の授業。彼女は、職員室にいるときはほとんど英語を話しませんが、授業中は堂々としています。一人の生徒が指名を受けて教科書を読み、終わると皆が手をたたきます。I like reading. I don't like reading. Do you like reading? と板書しています。生徒に質問をし、答えさせ、皆で手をたたくことの繰り返しです。生徒もはっきりした声で読んでいるし、指名を受けた子供以外も授業に集中できていました。

その他のいくつかの授業も慌ただしく見学をしましたが、短い滞在中に見学できる授業は限られています。新任教員のタクィは「私の授業も見に来てください」と言っていたのですが、時間がなくなってしまったのは申し訳なかったと思います。

少しずつではあっても、訪問のたびに教員の質がよくなっていく姿を見ることができたのは、本当にうれしいことでした。

英語の授業

男女に分かれてドッジボール

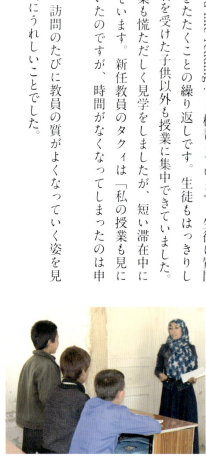

第3章
チャプダラ校訪問記

アフガニスタンでは、小学校1年生から高校3年生までを通して、1年生から12年生と称しています。中学校や高校だけという学校はなく、1年生から9年生までが在籍する中等学校、あるいは、1年生から12年生までが在籍する高等学校のどちらかです。今は9年生までが義務教育ですが、バーミヤンのような地方では、以前は、小学校だけという学校も多くありました。２００６年、教育省の方針ですべての小学校を、少なくとも中等学校にすると決まりましたが、すぐに完全に実施するまでには至っていないのが現実でした。チャプダラ校の場合は、06年に7年生のクラスが設けられましたが、生徒数が少ないために、07年に8年生のクラスはつくられず、8年生は大きな学校に転校しなくてはなりませんでした。特に女生徒の場合は、学校が自宅から遠くなると、通学できなくなってしまうことも多くありました。義務教育を終えることさえ難しい厳しい現実です。

次ページの表は、在籍生徒数の変遷を示しています。先生方に、出席簿の人数を確認してもらった結果です。ちょっといい加減な先生もいますので、正確さに欠くところはあるかもしれません。今は9年生までの生徒がそろう全校生徒数約３００人の学校です。ただ、学校の抱える問題点の一つは、欠席者が多いことです。11年、チャプダラ校を訪問した日に出席者数をチェックすると、学年によって出席率は違うのですが、平均すると66％でした。また、13年は73％、17年は75％となっていました。なかでも、17年は、6年生以上の女子生徒の出席率が１００％となっていて、女子生徒たちもちゃんと学校に通ってきているのは、とてもうれしいことでした。

この章では、訪問時のチャプダラ校の様子を紹介したいと思います。

新しい校長（2008年）

6月、バーミヤンの中心から車で1時間弱のでこぼこ道を、チャプダラ校に向かいました。細い山道を登っていくと、ダリ語を唱和する子供たちの元気な声が教室から流れてきます。私を見つけた先生が数人、にこにこしながら出迎えてくれました。「こんにちは、ハッサン」「カディール、元気?」顔なじみになった先生方に声をかけます。2年前には、私の姿を見ると授業を放り出して職員室に集まり、「私たちの学校にはグラウンドがない、井戸がほしい、男女別のトイレが必要……」と、

	2004			2007			2008			2009		
	男	女	計	男	女	計	男	女	計	男	女	計
1年	46	57	103	35	25	60	35	37	72	24	27	51
2年	43	38	81	20	20	40	22	19	41	27	13	40
3年	41	27	68	28	25	53	18	20	38	20	22	42
4年	30	12	42	40	30	70	20	28	48	11	8	19
5年	18	0	18	38	18	56	37	22	59	25	20	45
6年				28	10	38	20	12	32	23	9	32
7年				17	0	17	20	9	29	17	9	26
8年							18	3	21	24	6	30
9年										11	0	11
合計	178	134	312	206	128	334	190	150	340	182	114	296

	2010			2011			2013			2017		
	男	女	計	男	女	計	男	女	計	男	女	計
1年	28	25	53	60	40	100	24	28	52	44	28	72
2年	18	26	44	30	20	50	27	22	49	25	17	42
3年	26	19	45	17	13	30	20	13	33	22	12	34
4年	21	22	43	22	8	30	15	12	27	12	13	25
5年	21	18	39	21	9	30	13	19	32	14	15	29
6年	26	20	46	18	8	26	32	10	42	14	16	30
7年	31	9	40	14	6	20	20	8	28	18	5	23
8年	20	9	29	17	8	25	12	4	16	14	6	20
9年	23	7	30	15	5	20	17	6	23	9	5	14
合計	214	155	369	214	117	331	180	122	302	172	117	289

チャプダラ校在校者数の変遷

あれこれ訴えるばかりだった先生たちでしたが、今年はずいぶん様子が違います。

職員室に入ると時間割が貼ってあり、先生方は、時間割をチェックしては次の授業に向かっていきます。「昨年までの校長が別の学校に異動となり、カリミ副校長が新しい校長になって張り切っていました。昨年は7年生までだったけれど、今年は8年生もいますよ。何度も何度も教育局に交渉して、8年生のクラスを置いてもらったんです」と自分の努力が実を結んだことに満足気です。パシュツー語や物理・化学を教える若い先生たちも赴任しており、学校内に活気が感じられ、ピシッとした空気が流れていました。

前年はいろいろと苦い経験があり、訪問前は少し気が重かったのですが、今年の活気ある雰囲気は、私をとても幸せな気分にしてくれました。先生たちも、「去年はとても疲れた顔をしていたけれど、今年は幸せそうで若返ったね」とにこにこ顔で言います。

しかし、うれしいことばかりではありません。7年生以上のクラスには、女子生徒が来ていないのです。若い男の先生が増え、親が女の子を学校に来させなくなったのでしょうか。低学年でも、家の手伝いをしなくてはならないからでしょうか、男子に比べ、女子の出席率がよくありません。校舎の傷みも年を経るごとにひどくなってきています。先生の質の低さも課題です。子供たちには、文房具も十分にゆきわたっていません。05年には、オープニングセレモニーのお祝いとして、私から全生徒に文房具を贈りました。その後、奈良女子大学では、行事の折などに募金活動をしてくださり、そのときのお金で、やはり全員に文房具を配ることができました。1人あたり100円あれば、「ノート2冊・鉛筆・鉛筆削り・消しゴム・ボールペン・12色セットの色鉛筆」が買えます。何とか、これからも年度初めには文房具配付を継続したいと、改めて思いました。

8年生のバシールからは、ボールがほしいという要望がありました。チャプダラ校の授業は午前中だけです。午後、バーミヤンのバザールで、文房具とサッカーボール2個を購入しました。翌日、学校を訪問し、最初は全学年を自分で回って文房具を配るつもりでしたが、とても時間がかかるので、いくつかの教室については先生方に配ってもらいました。

8年生のクラスでは、白い紙に、名前と好きなものや将来何になりたいかを書いてほしいと依頼し、その後、一人ずつの写真を撮りました。自分の名前・好きなもの・将来の希望を書くだけなのですが、とても時間がかかります。彼らは7年生から英語を始めているはずなのですが、1年間、どんな勉強をしたのでしょうか。また、新しいカリキュラムでは、4年生から英語を始めることになったといいます。どんな英語教育が行われるのかとても心配です。いろんな不安を抱えながら、この年の訪問を終えました。

シュクロアとナウローズ・アリ（2009年）

06年から08年までは、バーミヤンへの移動には、カブールで車（ランドクルーザー）を雇っていましたが、年々請求額が高くなっていきました。でも、09年は、カブールからバーミヤンへは、第4章に紹介するアリフ兄弟が一緒でしたので、彼らが依頼した車（バン）を利用しました。そして、バーミヤンでの移動と通訳は、バーミヤンの住人に依頼しました。

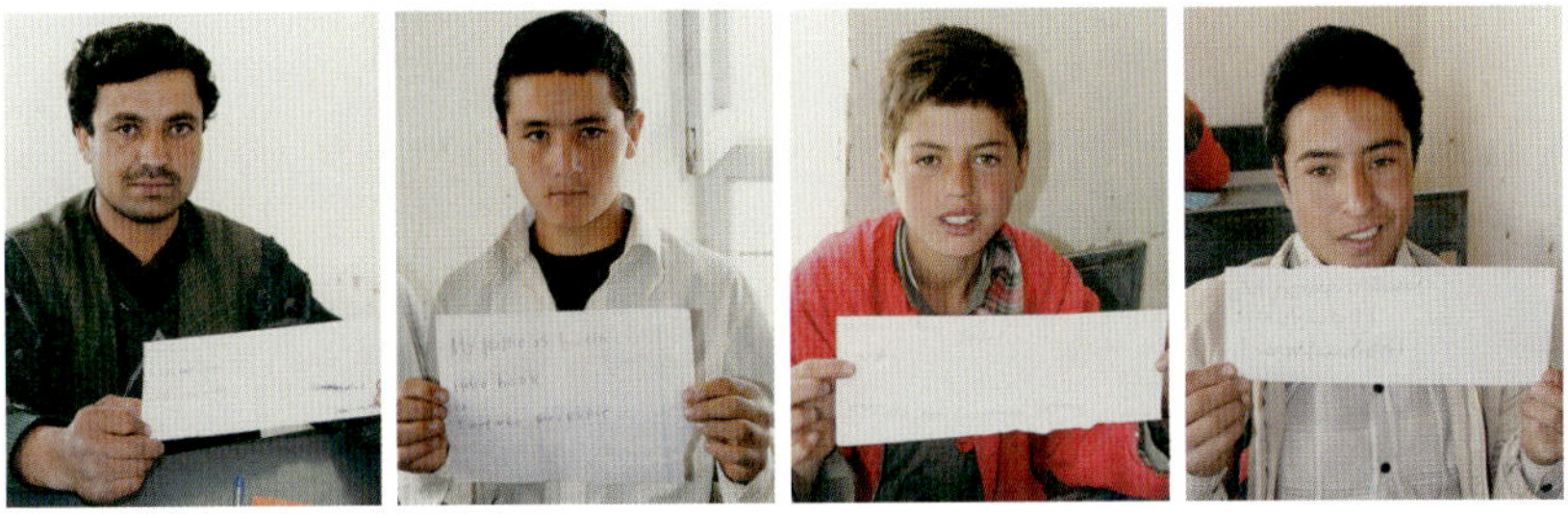

名前／好きなもの／将来の希望
Arif/orange/doctor　Basir/book/mechanic　Taher/book/engineer　Hamid/Biology/doctor

8年生の生徒たち　なりたいもので一番多かったのはドクター、その他のなりたいもの
ショップキーパー、ティーチャー

運転手はザビウラ。ちょっと歳をとっていますが、とても慎重な運転をしてくれるので安心感があります。

そして、通訳としてやってきたのは、息子のシュクロア。年齢を聞くと、「たぶん16歳」という答えが返ってきました。セントラル男子高校の10年生です。何だか、とても頼りないのですが、1日10ドルで依頼しているのですから、ぜいたくは言えません。しかし、観光できているわけではないので、彼にこちらの思うような通訳をさせるのは無理とわかりつつ、イライラが募ります。しかも、話す相手が教員なので、彼の通訳にあからさまにいやな顔をする先生もいます。結局、チャプダラ校では、英語教員のヤシンがほとんど通訳をする形になりました。ヤシンの英語も以前よりは少しよくなってきましたが、それでも果たしてどれだけ通じているのか、ときどき不安になります。とにかく、今年の訪問スケジュールを伝え、何をするかを話し合いました。また、今年の学校の状況についても質問しました。

一通りの話が終わると、校舎周りをチェックです。割れて先のとがった窓ガラスが、窓にくっついたままに放置されています。危ないので、はずすように指示を出します。なぜ、こんな状態で放っておけるのでしょう。机やいすの痛みははなはだしく、いすがない教室もあります。また、教室の一つには鍵がかかっています。「どうして?」と聞くと「ライブラリー」という答えが返ってきました。開けてもらって、中をチェックしました。ぼろぼろのロッカーが一つあり、書棚だといいます。2年前、アメリカのNGOが各学校に図書費を寄付してくれたと聞きました。そのお金でロッカーいっぱいの本を購入していたはずなのに、なんて有様でしょう! 部屋の中には、痛んだ机がごちゃごちゃに積まれています。教室がなくて

ドライバーのザビウラと息子のシュクロア

壊れたロッカーと無造作に積み上げられた机

廊下で勉強している学年が2つもあるのですから、きちんと整理して使わなくっちゃ！　と言いたくなります。学校マネージメントができないのは、校長の力が大きいのでしょう。そんな自分の力のなさはさておいて、相変わらず、「窓ガラスを何とかしてほしい」とおねだりだけはしっかりするのでうんざりします。そんな中で、8年生のネマトラが、最終試験でバーミヤン1になったというされしいニュースもありました。

4日目、せっかく少し慣れたシュクロアが今日は学校に行くというので、その友人のナウローズ・アリがやってきました。私を英会話の練習台と思っているような態度で、通訳という意識は全くありません。家が貧しいことを盛んに訴えてきます。「私には辞書を買うこともできません。あなたの辞書がほしい」と言うに及んでキレてしまいました。「この電子辞書は200ドルもするのよ。第一、日本語が書かれた辞書なんて役に立たないでしょ。あなたの経済的な問題はわかるけど、人にものがほしいとねだるのは、物乞いのすること！」とかなり強く当たってしまいました。彼は「ごめんなさい」を繰り返しましたが、本当にいらだたしい限りです。見かねたザビウラが歌を歌いだし、場の雰囲気をなごませようとしました。私も大人気なかったとは思うのですが、疲れる一日になりました。

しかし、考えてみれば、1日10ドルのお金を稼ぐために、学校を休んで通訳の仕事をするのですから、たくましいともいえます。そして、「明日も来ていいですか？」と不安そうに尋ねます。あれだけ私にこっぴどく叱られても、学校を休んでお金を稼ごうとしている彼の現状も理解してやらないといけない……短気を起こさず、もう少し優しくならなくてはと、反省したことです。

翌日、ザビウラはいつも通り時間厳守でホテルにやって来ましたが、約束したナウローズ・アリは車に乗っていません。ザビウラは何も言わず、チャプダラ校とは反対方向のバザールに車を走らせます。するとナウローズ・アリが息せき切ってやってきました。「時間は守らなくっちゃ」と言うと「ごめんなさい。数学のコース（塾）に行っていたので」と謝ります。7時半まで数学のコースで勉強しているとのことです。ルーズなせいで遅れたのでなければしかたありません。受講料は、英語のコースはアド

2009年のナウローズ・アリ　17年に再会

バンスコースに入ったので月謝が５００アフガニ、数学は１００アフガニといいます。当時のレートは50アフガニが約１００円でしたから、あわせて１２００円ほど。１日10ドルの通訳料は約1か月分の月謝になるのですから、つらくても我慢して仕事をしようとするのでしょう。貧しくても、学校以外でも熱心に勉強する彼らをもっと評価しなくてはいけないと、改めて思いました。

ホランコッシュ高校でのワークショップ

チャプダラ校で中学生の生物を教えているバシールから、「Women's Development Center が主催するワークショップが、自分の通っているホランコッシュ高校で開催される。よければ参加してほしい」と頼まれ、参加することにしました。彼はこのワークショップのリーダーだといいます。話し合いのテーマは「子供たちを救おう」とのこと。話し合いは、「アフガンには7万人の学校に行けない子供がいる。経済的な問題を抱えている。親は教育を受けておらず、教育に理解がない。どうすればよいか」というのがテーマだと。就学できない子供は実際にはもっと多いと思うのだけど……などと思いながら、ぼんやりと聞いていると、「いったい何ができると思うか」と、いきなり私に質問が飛んできました。何の準備もしていなかった私は、日本のＰＴＡの話をしました。「日本では、保護者と教員で組織されたＰＴＡがある。ＰＴＡ活動の中に、地域ごとの会合をもち、教員もそこに出かけていくような企画がある。それぞれの地域で違った課題を抱えているので、各地域の問題について話し合うことができる。地域に根ざせば、同じ地域で子供を学校に行かせない親がいたとき、学校の有用性を認識している親が、隣に住む子の親に、学校に行くことの有用性を説くことができるのではないか」といったことを思いつくままに話しました。

また、「政府は何をすべきか？」の質問に対しては、「海外から、多くの支援金がアフガンに流れ込んでいる。しかし、このお金が本当に必要なところで有効に使われるのではなく、軍事力や政治力をもった人々の懐に入ってしまっているのが現実。こうしたお金を、本当にアフガンの復興に役立てるようにすることが必要」といった抽象的なことしか言えませんでした。

山積する問題を解決する糸口を見つけることは難しいです。しかし、若い人たちが、教育について真剣に話し合う姿に接することができたのはうれしいことでした。

屋根修理とティーチャーズデイ（2010年）

初めにチャプダラを訪問した日は金曜日でした。学校のある丘のふもとに住むサイード・アリが畑仕事をしていたので、立ち話をしました。彼は元チャプダラ校の教員です。冬の大雪で屋根がだめになったので、今年は文房具支援の代わりに屋根の修理をしてほしいと言います。教員ではなくなっていますが、村の住人として、学校のことはよく知っています。学校のグラウンドが広くなったことも話してくれました。

註：アフガニスタンの休日は金曜日でジョマという。1週間の授業は土曜日に始まり、木曜日に終わる。

翌日、学校を訪問すると、子供たちが列を作って出迎えてくれました。あいさつもそこそこに、職員室

列をつくってお出迎え（写真提供：西垣敬子さん）

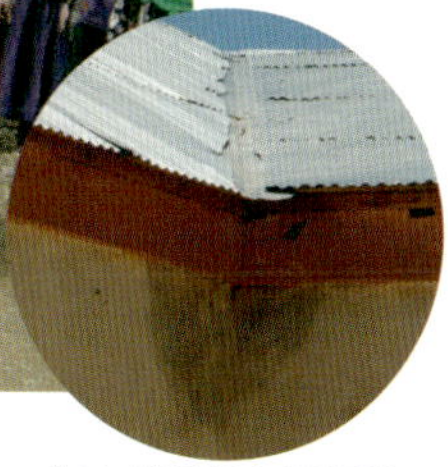

傷んだ屋根と雨漏り

に行き、先生方に問題点をあげて、優先順位をつけてもらいました。①屋根の修理 ②トイレ増設 ③破損した窓ガラスの補充 ④いす という答えが返ってきました。校長の案内で、雨漏りしている場所を見せてもらって、大体の様子が理解できました。前年は雪が多く、トタン屋根の一部が壊れて雨漏りがし、天井に穴があき、壁にもひび割れができています。緊急性が高いということが理解できました。トイレについては、生徒数が増えてトイレの数が少ないと言います。今まで何度言ってもきれいにならなかったトイレが、私も何とか利用できるくらいに掃除がされていました。男女別の仕切りもつくられ、壁も塗りなおされていたので、トイレは緊急性がなさそうです。窓ガラスの破損は以前から気になっていましたが、ガラスを入れ替えたとしても、すぐにまた、同じ状況になることも危惧されました。ガラスの入れ替えに加えた対策が必要になりそうです。教室内をチェックすると、今まではいすがあった教室も、絨毯敷きに変わっていました。課題は山積ですが、短い滞在期間、私にできることは限られています。今年は屋根の修理をすることにしました。見積もりを取るため、2つの会社に連絡すると、それぞれの会社から、屋根の状態を見にやってきました。最初に来たのは、学校建設を請け負った工事会社の人でした。屋根の上に上がってチェックをした後、トタン屋根の一部を取り換えることになるだろうと言います。翌朝には、英語教員のヤシンが電話で呼んだスルタンが、屋根の様子を見にやってきました。

その日の午後、それぞれの見積もり結果を聞くため、校長、ヤシンともう一人の教員の3人と一緒に、バザールまで出かけました。前日の業者に見積額を聞くと、40万円近くかかるといいます。結局、朝にやってきた業者に3万アフガニ（約6万円）で依頼することにしました。工事内容（トタン屋根の雨漏りの部分交換、樋修理、雨漏りで傷んだ壁の補修など）、3人の職人の7日間の

屋根修理の交渉を終えて

手当などの契約内容を確認。翌日から工事をし、工事終了予定の1週間後に残金を支払うことを確認し、契約書を作成してもらいました。日付、工事業者の名前を記入してもらった後、契約者であるスルタンと私、立会人として3人の教員がサインをして、私にはコピーが渡されました。前金として半額を支払い、手続き完了です。

5月24日は、先生方に感謝をささげる「ティーチャーズデイ」です。9時に学校に着くと、生徒たちはすでに席に着いていていました。教員によるあいさつがあり、コーランの詠唱、アフガニスタンの歌、ティー

ティーチャーズデイ

チャーズデイの話や歌、先生への感謝の言葉などがあり、やがて、アトラクションが始まりました。ダリ語のわからない私に、英語教師のヤシンがストーリーの概要を説明してくれます。

その1：テストの日。教師が生徒を殴り、生徒は泣いて家に帰った。親がなぜ殴ったのかとクレームをつけに、子供と一緒に学校にやってくる。翌日、教師がテストの結果を発表し、出来の悪い生徒が落第。親がまた、クレームをつけにやってくる。

その2：病気の息子がいる。ドクターが診察し、心臓を取り出したために死んでしまう。結局、ドクターは警察に捕まる。

その3：腹がすいて、ミルクをくれないと学校に行けないとだだをこねている女の子がいる（演じているのは男の子）。父親やおじたちがいろいろと説得をする。

ストーリーはとても単純なものですが、子供も教員もにこにこと、興味深げに身を乗り出して見ています。アトラクション後には再び、生徒たちが出てきて話をしたり、歌を歌ったり。最後はコーランの詠唱があり、私も簡単なあいさつをした後、先生からは感謝の言葉が述べられました。その後、1年生から順番に贈り物を持って前にやってきます。私には、花と刺繍をしたハンカチが渡されました。

この日の式典のために、アンプやマイクも準備されていましたが、これらは教育局から支給されたとのこと。学校には置いておけないので、教員が自宅に持ち帰って管理しているとのことでした。

職員室に戻り、先生たちにノートとペンをプレゼントして、楽しい充実した1日を終えました。

初めてのEメール（2011年）

11年3月11日、東日本大震災が起こりました。しばらくして、英語教員のヤシンから、地震や津波は大丈夫だったかというお見舞いのEメールが届きました。チャプダラからの初めてのメールです。それ以来、メールのやりとりができるようになったので、ハチャメチャの英語ながら、チャプダラの様子を少し把握してから出かけられるようになったのは、ありがたいことでした。彼は、ちゃっかりと「チャプダラ校のためにノートパソコンがほしい」というおねだりも忘れていません。ちょっと考えたのですが、役立つこともあるだろうと、中古のパソコンを購入し、日本語からペルシャ語版に替えて持参することにしました。

彼が言いたいことはおおむね理解できるのですが、chicken juale だけは何のことか、すぐにはわかりませんでした。チャプダラは風が強くて、毎年（窓）ガラスが割れるとあります。結局、窓ガラスをおおう網がほしいのだということを理解するまでには、ちょっと時間を要しました。juale は jail のことであり、ニワトリの監獄、すなわち、鶏小屋の金網のことだと思い当たりました。

カブールに到着した日、ヤシンに電話をし、翌日2時にホテルまで来てくれるように依頼しました。ヤシンと校長は約束の2時きっかりにホテルまでやってきました。3人でバザールの文房具店に行き、2階でお茶を飲みながら文房具を注文しました。隣の金網屋でガラス窓にはめる網も6000アフガニで購入しました。窓の大きさや枚数を調べてきていたようで、買い物はスムーズに終わりました。「釘などもいるんじゃないの？」と聞いたのですが、後は皆そろっているとの返事が返ってきました。後日、フレーム用の木が必

金網屋の前で

文房具の注文

要というので、1000アフガニを渡しました。
註：11年5月のレート　1ドル＝84円＝45アフガニ

ホテルに戻り、欲しいといわれていたパソコンを、ヤシンに渡しました。「管理責任はあなたがもち、みんなの役に立つように使ってください」と言うと、「今年から副校長になった。自宅にプリンターもあるので、教材作成にも使う」という返事が返ってきました。しかし、翌日、校長宅での昼食後、ヤシンのいない時を見はからって、校長は英語を話せる親戚の男性を連れてきました。「ヤシンは、パソコンは自分がもらったと言っているが本当か？」と。「パソコンは学校用だが、管理責任はヤシンがもつように言いました」と説明しました。しかし、結局、ヤシンはパソコンを私物化してしまったようで、後々、教員間に波風を立てる結果となってしまいました。

バーミヤンでの移動は、今年もまた、ザビウラに依頼しました。ヤシンはしきりに、彼の車は高いから自分が知人を紹介すると言います。しかし、ザビウラは簡単な英語は通じますし、温厚で誠実な性格です。やはり、慣れたドライバーがありがたいと思います。

この年のバーミヤン滞在は3日半だけです。最初の日を除いた後の3日間は、チャプダラ校訪問にあてました。1日目、学校に着くと、子供たちが一列に並んでいました。その間を通って校舎の前に着くと、学年ごとに並んで私のあいさつを待っています。私のあいさつが終わると1年生から順に教室に入り、授業が始まりました。私は職員室で、授業のない先生から学校の様子を聞きました。その後、今年の滞在は短いので、自分で授業をするのではなく、先生方の授業を見たい旨を伝え、滞在中のスケジュールについて話し合いました。一通り話を終え、文房具を配るとともに、出席している生徒数を確認しました。今

新しい文房具に興味津々の１年生

年は、どの学年にも女生徒がいるのがとてもうれしいことです。昨年、無事9年生を卒業した4人の女生徒は、みんな高校に通っているといいます。チャプダラ校での9年間の学業を無事終えた初めての女生徒たちということで、ホテルの土産物店でアクセサリーを購入し、卒業祝いとして4人にプレゼントしました。

2日目は、先生方の授業を見学した後、6時間目には、授業のない生物教員のナジブラに顕微鏡の使い方を教えました。3日目は、私のためにティーチャーズデイを開催するといいます。この年からティーチャーズデイに替わって、別の記念日を設定することになり、数か月後に行事があるとのことでした。勝手なことをして、教育局からクレームがつくのではないか？　と心配したのですが、「生徒たちがマダムのためにティーチャーズデイをしたいといって決めた」と説明を受けました。真偽のほどは不明ですが……。9時から始めるというので、9時前に学校に着きましたが、ま

生徒たちからの贈り物の山とプレゼントのレイをかける先生たち

ホテルの前で　左からカリミ、カディール、ヤヒア、私、アガフセイン、ハヤタラ、アリフ（カディールの兄）

だ準備中。結局、行事は9時35分に始まり、10時15分に終わるというとても簡単なものでした。

この日の生徒からのプレゼントは、すべてが私のためのものでした。職員室で、先生方にも分け、一部を持ち帰りました。この日は授業がなく、先生方が料理をして、みんなで職員室で昼食をとりました。私はいつも授業ファーストト。気持ちはうれしいけれど、1日授業をなくしてしまうのはちょっと残念という複雑な気持ちです。でも、楽しそうな先生たちを見ていると、まっいいか……という気持ちになりました。

悲喜こもごも（2013年）

この年は民間機の利用が可能となりました。カブール空港では、何度も何度も荷物のチェックがありましたが、11時頃にはバーミヤンのホテルに無事到着することができました。通訳は、ヤシンの義弟のアガフセインに依頼することにし、2時にホテルまで来てもらうことになりました。ヤシンの紹介なので、どんな人が来るのだろうかとちょっと心配しましたが、やってきたのは、バーミヤン大学の地質学科を卒業したという好青年でした。滞在中の車は、いつものように、ザビウラに依頼しました。1日目は彼が来て運転手を務めてくれましたが、すでに引退し、今はバザールで店を出しているとのこと。翌日からは、息子のアマヌッラーがドライバーを務めてくれることになりました。

2時になると、通訳のアガフセイン、ハヤタラ校長、教員のカディールとヤヒア、元校長のカリミの5人がやってきました。カリミは、10年以降、教育局で仕事をしています。この日は「トルコ製ピエールカルダン」の大きなラベルが袖口に着いた背広を着ていました。昔は、いつもよれよれの服装でしたが、随分ぱりっとした服装に替わっていたので、ちょっと驚きました。

しばらく、彼らと話をしました。教員養成学校では、ベルギーの支援による教員研修プログラムがあり、資格のなかった先生たちは、冬の間に教員資格を取得したとのことです。今年は何が必要かを聞くと、文房具、ペンキ、ドア修理、ガラスなどの希望が伝えられました。校長はプリンターがほしいなどと、現実離れしたいい加減なことも言います。

その後、文房具店に行き、生徒用の文房具、教員用のカバン、教室用のホワイトボードを注文し、2日後の朝に取りに来ることを伝えました。用務員には、スカーフと子供用にチョコレートを購入しました。

土曜日の8時にホテルを出発し、文房具店に立ち寄ってから学校へと向かいました。この日の私の主な目的は文房具配付でした。クラスごとに出席者の数を確認し、人数分の文房具を担任に渡して配付してもらいます。配付が終わった学年から、教室を訪れて写真撮影。人数確認だけに、なぜあれほどの時間がかかるのか不思議でなりません。何事もきわめてスローです。また、校長から聞いていた生徒数と大きく違う学年もあります。改めて、校長のいい加減さを認識することになりました。

日曜日には、学校の状況をチェックしました。トイレの扉が壊れています。女子トイレを見ましたが、とても汚れていました。校舎の窓には、11年に購入した網がはってありましたが、窓ガラスは割れたままになっており、校舎の扉もガラスが割れていました。一方、今年はどのクラスにも、でこぼこのある古いものですが、スチール製の机といすが準備されていました。

トイレの扉は簡単には直りそうにないので、私の滞在中にできることとして、ガラスの入れ替えを行うことにしました。先生方に各クラスの窓ガラスの割れをチェックしてもらい、一覧表を作成するように指示しました。その後、バザールのガラス屋に出かけ、3軒の店で見積もりを取りました。結局、いちばん安かった1軒目のガラス屋でガラスを購入することに。もともと校舎に取り付けられていたガラスより厚みのあるガラスは1枚が200アフガニでした。20枚注文しましたので、4000アフガニ（約7000円）。その他、枠を抑える木片、ペンキ、シンナー、刷毛を購入することにしました。支払額の半分をガラス屋に渡し、残りのお金はガラス屋の前で校長に渡しました。契約書には、保証人としてついてきた教員にもサインをしてもらい、買い物が終わりました。

註：13年4月のレート　1ドル＝95円＝54アフガニ

13年1月、東京でシャンティ国際ボランティア会の方にお目にかかる機

ガラス屋にて

会があり、アフガニスタンでも絵本を出版する活動をされていることを知りました。チャプダラ校にも絵本の寄付をお願いし、100冊の絵本を寄付していただきました。ジャララバードにある会の事務所から、カブール経由でバーミヤンのチャプダラ校へ。何人もの手を煩わせましたが、本は無事、学校に届きました。そこで、折角の本が散失しないよう、図書の管理方法を伝えたいと思いました。元勤務校である奈良女子大学附属の図書館では、バーコード導入により、不要になったラベルや昔ながらの図書カード入れが残っているというので、寄付していただきました。日本語版の図書カードは利用できないので、アフガン人の友人に依頼して、ダリ語版を作成しました。貸し出し中の図書カードを入れる箱は、ホテルにあったティッシュペーパーの箱を利用して作成しました。

　チャプダラ校に届いた絵本を確認し、まずは、本の一覧表の作成です。その後、授業のない先生に、それぞれの本に、図書カード入れと、一覧表に付け

上・ラベル貼り　下・図書の借り方説明（13年）

図書の状況（17年）

た番号を書いたラベルを貼ってもらいました。一通りの作業を終え、校長と図書係教員のイザトラに使用方法を説明すると、よい方法だから、他の図書についても同様の管理方法を取りたいと言います。今年は、職員室に鍵のかかるしっかりとしたロッカーが4つありました。2つは校長、2つは図書係のイザトラが管理者です。今後の生徒への貸し出し方法などを説明しようとすると、イザトラは授業があるといいます。すると、横にいたヤヒアが「自分の方がイザトラよりしっかりしているから自分がやる」と言い出します。ヤヒアは自信過剰に見受けられますし、イザトラは物静かですが、しっかりしています。「係はイザトラだから図書係を交代するのはよくない」と私。結局、校長の指示で、イザトラの代わりにヤヒアが授業をすることで、ひと段落です。短い期間に、彼らの性格を見抜いて指示を出すことは、とても難しいことです。

低学年の子供たちには、シャンティから寄付していただいた絵本を活用してほしいと思い、絵本が活用されることを願いつつ、図書の使い方について、1~3年生の児童を集めて説明しました。

後日談になりますが、17年の図書の状況をチェックすると、写真のようにロッカー内はきちんと整理され、セーブザチルドレンから寄贈された本もあり、絵本が増えていました。本の貸し出し状況をチェックすると、わずかに一人だけというのは寂しいこと。もっと活用できればいいのにと思います。

大満足の訪問（2017年）

新しく、カムエアーの民間航空機がバーミヤンまで飛ぶようになりました。カブールを6時45分に経ち、7時15分、オンタイムでバーミヤン空港に到着しました。ホテルに到着してしばらくすると、卒業生のアリフが訪ねてきました。彼のことは、次の章で詳しく触れるとして、ここでは、彼から聞いた話を紹介します。彼は、16年12月にバーミヤン大学英語学科を無事卒業したとのことで、ゆっくりと話せば、英語

2007 年撮影　左からセディカ、ロウジア、ファヒマ、ナジバ、マルタザ

での会話ができるようになっていました。

前著『中道ママ　アフガンを行く！』に取り上げた07年の子供たちの写真を見せると、彼らが今、どうしているかについて、次のような説明をしてくれました。

ナジバは、結婚してバーミヤンの中心近くに住んでいて、娘が一人。彼女の夫は同級生のマルタザで、彼は中学卒業後、バザールで靴や服をカートに載せて売っている。アリフの妹のファヒマは結婚し、2人の男の子の母親となって、バーバーマウンテンの近くに住んでいる。セディカ（前著ではセディク）はセントラル女子高校を卒業し、教員養成学校を卒業したが無職。ロウジア（前著ではラジア）はホランコッシュ高校を卒業し、16年に結婚、今はカブールに住んでいる。彼女たちは、10年にチャプダラ校を卒業した初めての女生徒たち。私にとっても印象深い生徒たちでしたので、その消息を知ることができてとてもうれしく思いました。

バーミヤンで一番の成績と聞いていたネマトラは、

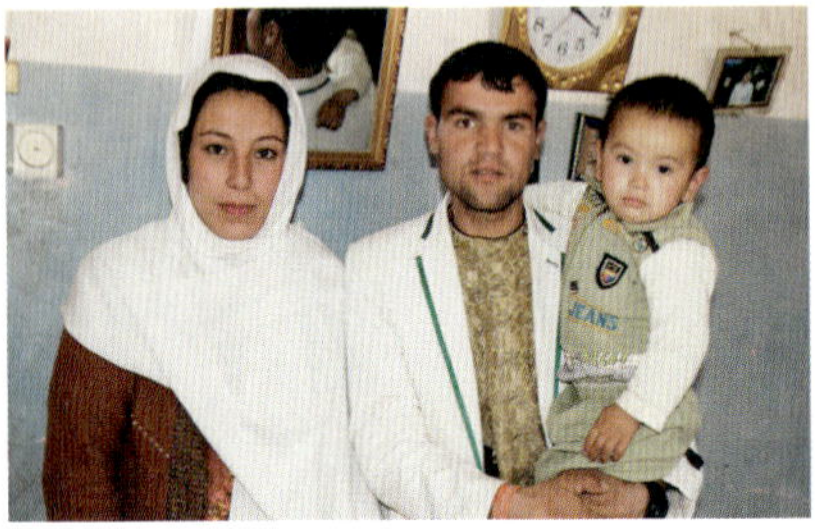

ファヒマ（13 年）

ナジバ（11 年）

マルタザ（17 年）

センントラル男子高校を卒業後、ナンガハル大学で数学を学んでいる。ナンガハルは暑いので学校は9月に始まるため、卒業は17年の予定。ナジルはセントラル男子高校を卒業後、ムッラーになるためにカブールで1年間学び、試験に合格して、現在はイランで学んでいる。ハミッドもナジルと共に、ムッラーになるために、イランで学んでいる。サラはセントラル女子高校を12年生の時にやめて結婚、2人の子供がいる。ユマ・カーンはセントラル男子高校を卒業したが、大学入学試験に合格できなかったので、現在はバザールで仕事をしている、などなど。私が何よりうれしかったのは、バシールがホランコッシュ高校、そして教員養成学校を卒業し、現在はチャプダラ校の先生をしていると聞いたことです。教員になった彼に会うのがとても待ち遠しくなりました。

ネマトラと4人の女生徒（10年9年生のクラス）

アリフは、先生たちの動向についても話を聞かせてくれました。13年の訪問時に教員だったヤヒア（元英語教員ヤシンの弟）は、今はイランで、ピザづくりの仕事をして働いている。月給は400ドルくらいもらっており、チャプダラ校で教えているときよりもはるかに給料がよいと喜んでいるとのこと。もう一人の弟のジクリアは、バーミヤン大学の生物学科を卒業したと聞いていましたが、今はバーミヤンセキュリティーで働いているとのことでした。

午後になると、今年も通訳を依頼したアガフセイン、新しい校長のカビールが打ち合わせにやってきました。アリフも一緒です。今年は何が必要かを聞くと、「井戸を修理してほしい」といいます。13年の訪問時には井戸はなかったので、修理とはどういうこと？　と怪訝に思いました。結局、要領を得ないまま、まずは学校の状況を見て決めることにしました。しばらく話をしているうちに、校長のカビールは、以前、チャプダラ校で物理と化学を教えていた教員であることに気づきました。セントラル男子高校卒業後、チャプダラ校で教鞭をとっていたのです。その後、教員養成学校を卒業し、現在は、バーミヤン大学の夜間部に通っているとのことでした。教員養成学校卒より大学卒の方が給料のよいことが、夜間大学に行く大きなインセンティブになっているようです。

山積みになった壊れた机

翌朝、4年ぶりの懐かしいチャプダラ校に向かいました。道路事情はずいぶんよくなっていて、以前はでこぼこ道を1時間近くかかったのが、40分弱で到着しました。学校に着くと、早速、生徒数や教員の状況についての確認です。生徒数は約300人で以前とあまり変わっていません。しかし、どの学年にも女子生徒がいて、出席率もよくなっているのはうれしいことでした。教員は12人で、若い先生が増えているのもうれしいことです。自分のパソコンを持っているかを聞いてみると、4人が持っているとのことでした。若い先生たちはスマホを持っており、貧しい田舎にまで情報化の波がやってきていることを感じました。

しかし、気になることもありました。校舎の前に、壊れた机が山積みになっていたことです。校長は、「来週になったら教育局から視察に来て、修理してくれる予定」と言います。長年、教室の後ろに山積みになっていた机の修理がしてもらえるのならうれしいこと。次に来るときには、ちゃんと見届けたいものです。13年に私が購入した窓ガラスは、一部ははめられていましたが、かなりの窓ガラスが割れたまま、依然として危険な状態です。「教育局の視察が来るので、残りのガラスは用務員が持ち帰って隠している。教育局が修理してくれなかった場合は、保管しているガラスを入れたい」と言い訳をするのですが、購入からすでに4年も放置している理由は謎です。

授業後、カビール家を訪問しました。08年、一緒に昼食をいただいたお父さんは、私の夫と同い年ですから77歳。ずいぶん歳をとっていて、10年近くの歳月が流れていることを思い知らされました。お人形のようにかわいかった2人の子供たち（次ページ写真）は、それぞれ12歳と9歳になり、彼らの下には、6歳、3歳、0歳（4か月）と規則正しく3年間隔に歳の離れた子供たちがいました。お父さんは「この人間は正直でない者もおる。息子には、『正直であれ』といつも言っておるのじゃ」と話してくれま

カビールの家族

カビールの長女と長男（08 年）

した。チャプダラ訪問のたびに、いろんな人からいろんなことを聞かされますが、滞在が短い上、通訳を通じての会話なので、何が本当なのか、誰の言うことが正しいのか、わからないことだらけです。しかし、貧しいがゆえに起こることもたくさんあると推察します。まさに「衣食足りて礼節を知る」なのでしょう。何もかもが不足している貧しさの中で、妬みや嫉みの心が芽生え、いろんなことを言う人が出てきてもしかたないことかもしれないと、訪問を重ねる中で思うようになりました。

昼食後、文房具を注文するために、校長と一緒にバザールへ向かいました。通訳のアガフセインが「ノートを貸して」と言います。以前は、校長の知り合いの文房具店で注文しましたが、今回は何軒もの店で、値段を確認しています。渡したノートは、文房具の値段をメモするためでした。5軒もの店を回りましたので、ずいぶん時間がかかり、私はくたびれてしまいました。それでも、いつもの年に比べ、随分安くで購入できました。しかも、それぞれの学年にあった品選びをしています。教員用には鞄がほしいというので了承すると、これも長い時間をかけて品選びです。今回は、全部合わせて560ドル（約62000円）。この値段から推察すると、以前は、なじみの文房具店主から校長にリベートが渡っていたことが容易に推察できました。

翌朝、文房具店に行くと、カブールから来るはずだった荷物がまだ届いていません。最近は高速道路もでき、ずいぶん時間が短縮できるようになったと聞いていました。しかし、途中でタリバンとの戦闘があって、道路が封鎖されていたとのこと。この日はあきらめようかと思っていたところに荷物が届き、無事文房具を受け取ることができました。車は普通の乗用車です。全部の文房具を積み込めるのかと心配しましたが、車の中に入りきらない荷物は、トランクカバーの上に載せて、チャプダラ校まで運ぶことになりました。チャプダラ校までの道は細くて急な山道もあるのですが、若いアマヌッラーはとても優秀な

文房具店で価格調査

車内に入りきらない文房具も

配付した文房具

ドライバーです。

学校に到着すると、早速、文房具の配付にとりかかります。1年生から9年生まで、学年順にクラスを回ります。各先生が鞄係、鉛筆係、ノート係等と担当を決め、随分手際よく作業が進められ、1時間足らずで全クラスでの配付が完了しました。これまでとは雲泥の差。「どうですか、私の采配ぶりは?」というように、校長が誇らしげな顔をしていました。

教員室に戻り、今年は理科の授業に参加したいと伝えました。顕微鏡は今も用務員の家に保管されているということなので、顕微鏡観察をすることに。また、今回は、BTB溶液（pH

校舎の壁に描かれた絵

水が出た！

仮置きされたソーラーパネル

指示薬）を持参しているので、「酸とアルカリ」の実験をするのに適した学年を確認しました。具体的な授業の様子は第2章で紹介したとおりです。

校舎の横には、これまでなかった井戸が設置されていました。「教育局に要求していたら、ＥＱＵＢというＮＧＯが作ってくれた」とのことです。15年から16年の2年間は使えていたけれど、今年になって使おうとすると水が出なかったとのこと。手押しポンプの修理をしてほしいと言われました。しかし、元教員のサイード・アリは、「井戸がとても深いので、手押しポンプではすぐに壊れてしまうだろう」と言うのです。「ソーラーパネルを設置し、電動ポンプにしてもらえないか」と遠慮がちに言います。校舎の壁には、手を洗う絵や掃除をする子供の絵が描かれていて、衛生教育も行われているようです。井戸の横には、校長が植えたという若い木もありました。サイード・アリは、ソーラーをつけた井戸のある学校を知っているというので、彼と校長とともにバザールに出かけました。井戸については、ず～っと言われ続けてきた案件でもあったので、５５０ドルほどかかるとのことでしたが、本当に水が出ることが確認できたら、設置することにしました。

翌日、業者がやってきて、ソーラーパネルを仮置きし、モーターを設置して、ちゃんと水が出ることが確認できました。ホースからあふれ出る水に、みんなの笑顔が広がりました。心配性の私は、冬の間、折角設置したソーラーパネルに強い風が吹き付け、壊れることはないのかと気になりました。アガフセインにそのことを話すと、「ちゃんと管理するように先生方に言うから」と約束。12月には、業者に依頼してソーラーパネルを取り外している写真が、メールに添付して送られてきました。パネルは、用務員の家で保管するとのことでした。ソーラーパネルはとても有効で、先生たちは井戸の水くみ用だけでなく、ちゃっかり、自分たちのモバイルの充電にも使っているようでした。

バーミヤン滞在最後の日には、「我が家で昼食を」とドライバーのアマヌッラーに誘われ、彼の家を訪問しました。英語が流ちょうな従兄弟がいるというので、アガフセインは同行しません。家に入ると、親戚の男性たちだけなので、お母さんや娘たちも集まりました。アマヌッラーのとても若くてかわいい奥さんもはにかみながら出てきました。アマヌッラーの奥さんは、カブールにあるサイドジャマルディン教員養成学校卒とのこと。アマヌッラーはドライバーとして、バーミヤンとカブール間を往復しています。カブールで泊まることがあり、その宿が教員養成学校の近くにあることから、彼女を見初めたと、馴れ初めについてもうれしそうに語ってくれました。

05年、初めてチャプダラ校を訪問してから12年目の訪問でした。初めて会ったときに小学生だったバシールがチャプダラ校の教員になり、今は母親になった女生徒たちも多くいます。貧しいけれど、バーミヤンには、のんびりした空気が流れていました。彼らのささやかで平穏な暮らしが壊れることがないようにと願いながら、この年の訪問を終えました。

第4章
アリフのこと

アリフとの出会い

彼に初めて会ったのは、2005年10月、チャプダラ校のオープニングセレモニーの時でした。脚が全く使えず、両腕で松葉づえにすがって移動していました。すでに25歳の青年でしたが、6年生に在籍していました。

翌年訪問したときは7年生のクラスにいましたが、07年には、チャプダラ校に8年生のクラスがつくられず、彼の脚で遠くの学校に通うことはできないので、自宅で過ごしていました。彼の自宅は、学校の建っている丘のふもとにあります。自宅を訪問し、脚のことを尋ねると、「アフガンでは治らないと言われている」と暗い顔をしていました。そんな彼を見るのは、とてもつらいことでした。

08年になると、チャプダラ校にも8年生のクラスができており、アリフも再び8年生として登校していました。彼に脚の様子を聞いてみると「元はリウマチだった。はじめは痛みがあったが歩けた。その

オープニングセレモニーにて

うち、松葉づえなしに歩けなくなった。カブールの病院でレントゲンを撮ってもらったら、「アフガンでの手術は無理だが、外国に行けば手術が可能かもしれないと言われた」との説明を受けました。通訳を通しての会話なので、不正確な部分もあるかもしれませんが。

註：新聞記事などではアレフとなっていますが、パスポートに記載された名前に従い、アリフとしました。

日本での手術実現に向けて

帰国後、西垣敬子さんにアリフのことを話すと、山野慶樹先生を紹介してくださいました。山野先生は、アフガンで戦争が始まる前、JICAから派遣され、カブールで1年余りにわたって医療活動をされた方です。大阪市立大学を定年退職後、再びアフガンの医療に関わっておられるとても優秀な整形外科医とのことでした。「アフガンの赤ひげ」と称されていることも聞きました。そんな山野先生が、7月にカブールを訪問されることを知り、カブールでアリフの診察をしてもらえたらと思いました。

当時は、チャプダラ村の人々も携帯電話を持っていました。でも、私はダリ語が話せないので、バーミヤン在住の安井浩美さんに仲介の労を取ってもらいました。また、カブールに住むディーバ夫妻もいろいろ手助けをしてくれることになりました。何度かのメールのやり取りをして、7月末に山野先生の診断を受けることになりました。ディーバの夫であるホスロウがお医者さんというのも幸運なことで、アリフが山野先生の滞在する病院を訪問するときには、病院まで同行してくれました。

診察後、アリフの症状に関して、山野先生からは次のような説明がありました。

「骨盤と大腿骨が完全に癒着してしまっており、股関節がどうなっているのかもわからない状態。関節が変形したまま固まっているので歩けない。原因は不明。治療法は、片一方の脚の骨切りをしてまっすぐにして固定し、もう片一方の脚に人工関節を入れるのがよいだろう。両方の脚に人工関節を入れるより負担が少ない。人工関節は、品質にもよるが、ふつう20年くらいは使える。でも、若くてよく動くと、もっと早くダメになることもある。難しい手術であり、アフガンでは、やった人はいないだろう。自分が執刀するとしてもアフガンでは無理。日本での手術の場合、医療費・滞在費は病院で負担できるだろう」

病院での必要経費を山野先生側でお引き受けいただけるとしても、パスポートの取得費用、付き添いを含めて二人分の日本までの往復の交通費、人工関節費などを考えると、２００万円あまりのお金が必要になる気がしました。私はすでに退職していましたので、それほどのお金を個人で負担するだけの財力はありません。募金活動なども必要になるでしょうが、どれだけお金が集まるかはわからず、不安な気持ちはありました。でも、バーミヤンはとても貧しいところです。外国人が誰も訪れることのない小さな村で、このままであれば一生松葉づえと共に生活をしなくてはならない青年が歩けるようになる！　これが叶うなら、私にとってこんなうれしいことはありません。人は自分が生まれる場所を選べないのに、生まれた場所によって先進国でなら治る病気が治らずにいる……不公平であっても、それを受け入れざるを得ない社会に、やりきれなさを感じることがあります。たとえ、たった一人であっても、彼が歩けるようになるのであれば、私もできる限りのサポートをしたいと思いました。

今後の対応として、まずは、安井さんに、本人に山野先生の説明を伝えてもらい、その上で、やはり手術を希望するかどうかを確認しました。早速、アリフの家族からは、日本での手術を希望するという返事があり、来日の準備を始めることになりました。日本には、兄のラティフが同行することになり、パスポートの申請をバーミヤンで行うように安井さんから指示してもらいました。

次は、ビザ取得です。当時、在カブール日本大使館では短期ビザは出していないということでしたが、安井さんに領事をご紹介いただき、早速、領事にアリフの状況を詳しく説明しました。領事から、次のような回答があったのは8月9日のことでした。

「『病気・怪我等の治療を本邦で行いたいとする者で、本邦の受け入れ先病院が決まっている者』という例外に当たると判断できるので、人道的観点から対応させていただく所存です。他方、査証を発給するか否かの判断は、全て外務本省の判断に基づき行います。つきましては、外務本省の理解を得るためにも次の書類をご用意いただき査証申請させるようアリフ君及び関係者をご指導お願いします。（場合によっては、今後これ以外の書類の（追加）提出をお願いする場合もあります。ご理解下さい）」

指示された書類は以下のようなものでした。

1 査証申請書　2 招へい理由書　3 身元保証書　4 滞在予定表

5 身元保証人に係わる次の書類のいずれか1点。

⑴所得証明書　⑵預金残高証明書　⑶確定申告書（写）　⑷納税証明書（様式その2）

6 身元保証人の住民票　7 診断書　8 病院（乃至山野先生）からの受入のレター

9 フライト予約票（乃至eチケットの写）

10 付添人（お兄さんと伺っています）との関係を証明する書類

「査証申請の際も、わざわざバーミヤンから出て来ずとも、安井さんからの代理申請で済むよう手配してみましょう」とも書き添えられていました。

なんだか、たくさんの書類です。しかし、以前、ディーバの長男を私の勤務校で引き受けることになったときにも同じような書類が必要でしたから、それほど驚くことではありませんでした。山野先生からは、受け入れは年末以降になると伺っていましたので、時間的な余裕もありました。

ところが、12月になって、パスポートの取得で問題が生じました。以前は、バーミヤンでも簡単にパスポート取得ができたのに、お兄さんがなかなか申請に行かなかったため、パスポート自体が終了して、カブールから届くのを待っている状態とか。バーミヤンにパスポートが届くのに1か月もかかるらしいというのです。また、カブールでのパスポート取得はものすごい時間がかかるとのこと。

しかし、幸いなことに、ホスロウの尽力で、「病気の治療に向かうアフガン人に対してパスポートの発給を保健省がサポートするシステム」を利用することができました。保健省からのお墨付きで治療用のパスポートとその看護者用パスポートを得ることになったのです。結局、二人がカブールに出てきてパスポートが取得できたのは、年の瀬も迫った12月28日でした。でも、ここでもちょっとした問題がありました。パスポートには、父親の名前の記入欄があるのですが、兄弟で父の名前が違ったのです。なんて間抜けなんでしょう！　署名欄は、サインではなく、指印が押されているという代物でした。また、最初に知らされた彼らの生年は、１３５０年と１３５９年でした。結局、西暦の生年月日を記入しなくてはなりませんでしたが、なんとイスラムチックなのでしょう。

ともあれ、無事にパスポートを取得した兄弟は、いったんバーミヤンに戻り、出発前にカブールに再び出かけてくることになりました。正月休みが終わったらすぐに、大使館にビザを申請することになりました。この間に、安井さんがフライトチケットの手配やインドでの乗り換え時のアテンドなどの段取りを進めてくれました。出発は09年1月17日で日本到着が18日ということも確定しました。２人とも、英語も日本語も話すことも書くこともできないので、「日本での入国をあらかじめ入国管理局に説明し、イミグレーションのところで待機しているのが良いだろう」とのアドバイスももらいました。なにせ、パスポートもサインではなく指印です。安井さんが5日にビザ申請に出かけてくださり、7日にはビザが発給された旨の連絡をもらいました。インドのビザ手配もしてくださり、これで日本へ出発する段取りが完了です。

15日には、カブールに出てきた2人に、安井さんからパスポートの説明等が行われました。彼らには、私の招へい証などの書類も含めて、大使館でいただいた書類のコピーを持たせてくださいました。関空到着時にも、インド航空のアテンドの方に車いすなどを用意してもらうように旅行社を通じて連絡をいれたり、私の携帯電話番号などの連絡先を日本語で書いた紙も持たせたりなど、きめ細かな配慮をしてくださいました。安井さんには、ただただ、感謝感謝の日々でした。

山野先生には、手術時期について病院と交渉をしてもらったり、来日後の予定表ほか、いろいろな書類を作成してもらったり、面倒なお願いをしましたが、いつも迅速に対応してくださいました。カブールのディーバ家の皆さんにもパスポート取得、診断書作成、カブール滞在時の彼らの世話など、本当にお世話になりました。多くの方のご厚意で、ここまでこぎつけたことにほっとしました。

入国審査に関するお願い

今般、来日しました2名のアフガニスタン人は、清恵会病院にて手術を受ける　Mohammad Arif　及びその付添人　Mohammad Latif　です。

いずれも、英語・日本語がわかりません。両人の身元引受人　中道貞子が迎えに来ております。入国に際し、なにかありましたら、下記携帯電話にご連絡ください。

090－××××－××××

アリフの来日

1月18日、いよいよ、アリフ来日です。日曜日にもかかわらず、病院からは救急車で迎えに来てくださいました。山野先生と、2日前に研修のために来日したアフガンのバッカーイ医師も同行。西垣さんも来てくれました。12時過ぎ、インド航空の女性に車いすを押してもらいながら、アリフと兄のラティフが出てきました。

その夜、お世話になった皆さんに次のような報告メールを送りました。


関係各位（お世話になった皆様にBCCで送信）

中道です。

バーミヤンの脚の悪い青年　アリフ君が、1月18日に無事、来日しました。

彼の来日に際しましては、本当に、多くの方にお世話になりました。

清恵会病院での手術をお引き受けくださった山野先生のご厚意がなければ実現できなかった日本での手術です。

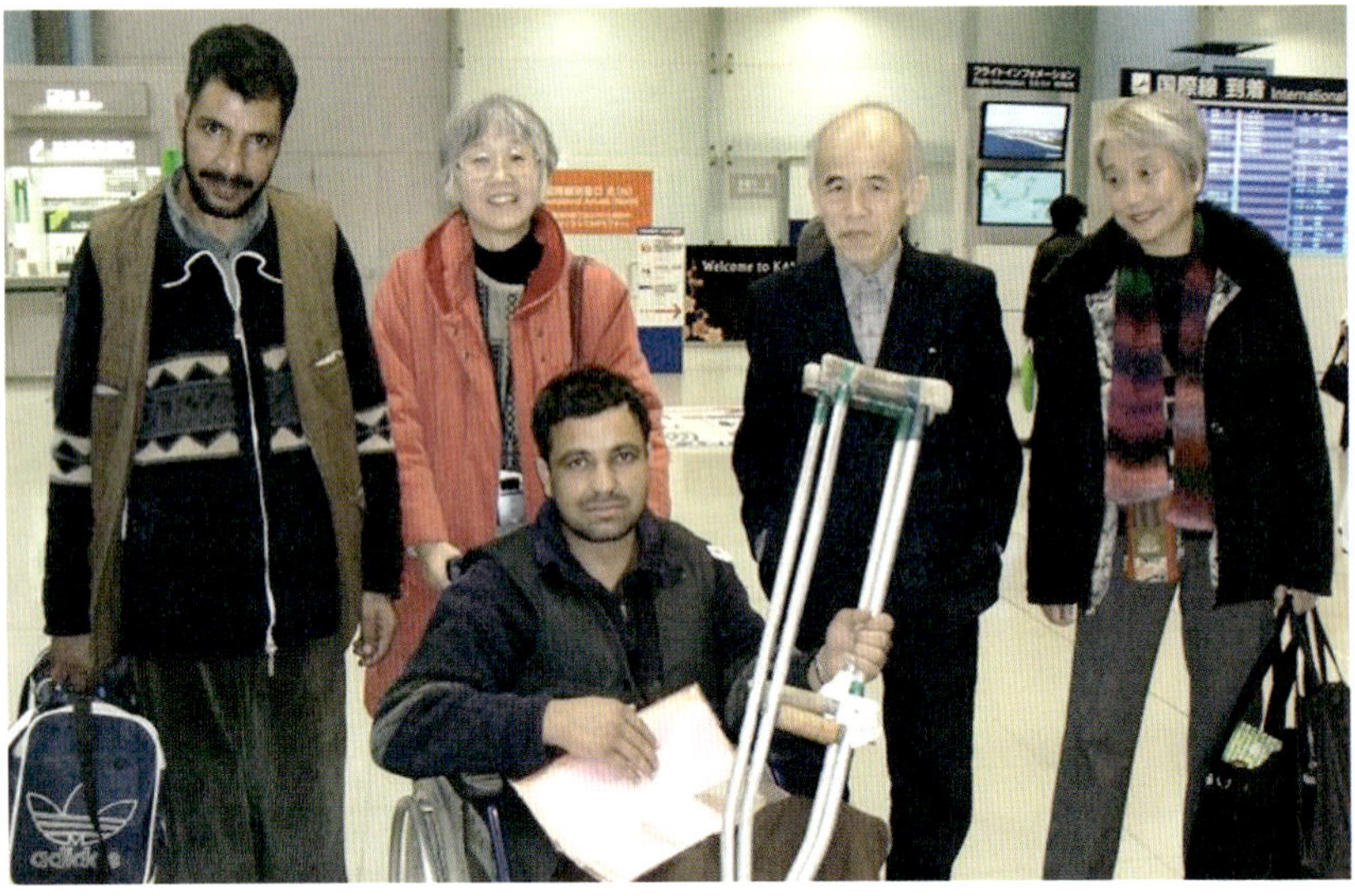

アリフ来日（関西空港にて）　後列左からラティフ、私、山野先生、西垣さん

山野先生との縁結びをしてくださったのは宝塚・アフガニスタン友好協会の西垣さん。

アフガニスタンにて、パスポートやビザ取得からフライトチケットの依頼……何から何までお世話くださった安井さん。安井さんの存在なしには今回の来日はかないませんでした。カブール滞在中、彼のお世話をしてくださったヨスフザイ家の皆さんにも感謝!

日本大使館にも、病気治療のための来日であることへの格段のご配慮をいただきました。

渡航のための費用など募金活動を報道してくださった新聞記者さんのおかげで、たくさんの方から募金や励まし、本当に心温まるメッセージをいただきました。また、いろんな方とのネットワークも広がりました。

いよいよ来日という際には、西遊旅行やエアーインディアの皆さまの手厚いフォローのおかげで、インドでの乗り継ぎや関空での入管手続きも無事滞りなく終えることができました。

数日前はカブールでは雪、インドではこの季節霧が多く発生と伺っていましたので天候も危ぶまれましたが、今朝10時40分、アリフと付添人の兄ラティフを乗せた飛行機は、オンタイムで空港に到着。にこやかに車いすを押してくださる若い女性スタッフと共に、疲れた様子もなく、嬉しそうな顔をしたアリフ君が出てきた時は、本当に本当にほっとしました。

早速、待機していただいていた病院の車で堺へ。車の中のアリフ君の話声は、バーミヤンで聞いた時より、はっきりと力強く感じました。

これから3か月の入院生活。色々なことがあるでしょうが、雪が解け、美しい花々の咲く季節に、アリフ君がバーミヤンを歩く姿を心に描いています。

私にとっては、何ものにもかえがたい誕生日プレゼントでした(今日から私は62歳です)。

皆さんに対する感謝の気持ち、言葉で十分には言い表せていない気がしますが、取り急ぎ、無事の来日を報告し、心より感謝申し上げます。

寄付集めを通して

チャプダラ校建設の時は、私はまだ現職の教員でしたので、校舎建設費の寄付は自分のお金でした。アリフ招へいに際しては、人工関節や往復の旅費、諸手続きの費用を考えると、ざっと見積もっても、200万円ほどのお金が必要になりそうです。今回は、いろいろなところに呼び掛けて、寄付を募ることにしました。寄付の呼びかけなど、私にとっては初めての経験で不安なことがいっぱいでした。しかし、アフガン支援に長く関わってこられた大先輩の西垣さんからいろいろ教わりながら、寄付の呼びかけの準備を進めました。

寄付を呼びかけるためには、私の個人名義の預金口座とは別会計にする必要があります。大学時代の友人に呼びかけ、「チャプダラ校支援の会」を立ち上げて、ゆうちょ銀行に会名義の口座を開設しました。新聞社にも、アリフの手術のことをお話しして記事にしてもらうと同時に、寄付の呼びかけについても掲載してもらいました。

8月に取材を受けた新聞記事は、オリンピックやペシャワール会の伊藤和也さんの痛ましい事件があって掲載が遅れ、10月になってやっと掲載されました。2008年は、リーマンショックが起こった年です。年末にはタクシー運転手が相次いで襲われる強盗事件が頻発しました。朝日新聞に記事が掲載されたのは09年1月7日。記者さんからは「新たなタクシー強盗が起こっていたら、中道さんの記事は没になるところでした」と。

それでも、記事が掲載されると、早速電話もかかってきました。寄付の申し出だけでなく、義肢をつくってアフガン支援をしている会の方からは「同会のホームページに呼びかけを載せるよう、代表に交渉してみます」という連絡。また、別の方からは「病院に募金箱を置いたらどうか」というご提案もいただきました。こうした反応があることをとてもうれしく思いました。また、変形性股関節症の会の方から電話があり、「私も3年前に両脚手術をしました。ソフト面で患者さんの支えになれたら……」と、会のホームページで紹介してくださいました。

両足不自由なアフガン男性

来春、日本で手術

渡航費など支援を

宇治の女性 市民に呼び掛け

宇治市の女性が、治安悪化が問題になっているアフガニスタンに対する支援活動を続けている。奈良女子大付属中等教育学校で副校長を務めた中道貞子さん（61）＝同市羽拍子町＝。現地で出会った両足の不自由な男性が来年春に日本で手術を受けることが決まり、渡航費など支援を呼び掛けている。

中道さんは在職中、奈良女子大や津田塾大など五つの女子大学の女性支援プロジェクトに参加。二〇〇二年八月に調査団員として初めてアフガニスタンを訪問。高校で生物の授業をし、「細胞って美しい」と目を輝かせて顕微鏡をのぞく生徒の姿に魅了された。その後も同国を訪れ、文房具を贈ったり、教員に実験指導などを続けている。

バーミヤンでの学校建設にも携わり、〇五年十月の開校式典で松葉づえをついたアレフさん（28）に出会った。十五歳のころに原因不明の病気にかかり、数年後に歩けなくなった。骨盤と大腿骨が固まっている状態で、戦争のため早期に治療ができなかったという。

医療機器が整っていないアフガニスタンではアレフさんの手術はできない。中道さんは「たまたま貧しい国に生まれただけで、不自由な生活を送る青年を助けたい」との思いを強め、知人の紹介で知り合った堺市の整形外科医、山野慶樹さん（72）の協力を得て、来年四月か五月の手術計画にこぎ着けた。山野さんの好意で入院や手術の費用は無料だが、人工関節費と渡航費の計約百四十万円が必要という。

アフガニスタンでは支援活動中の邦人男性が殺害される痛ましい事件が起きた。中道さんは、同国のイメージが悪くなることを懸念する。「多くのアフガン人は『平和な普通の暮らし』を望んでいる。アレフさんもその一人。あきらめることなく支援していきたい」と話す。中道さんの連

アフガニスタンの写真を示しながら現地の様子や支援活動について話す中道さん（宇治市羽拍子町）

バーミヤンでの学校開校式典で、松葉づえをつきながら中道さんに花束を渡すアレフさん。来春、日本で手術を受けることになり支援を必要としている（2005年10月）

2008年10月2日京都新聞

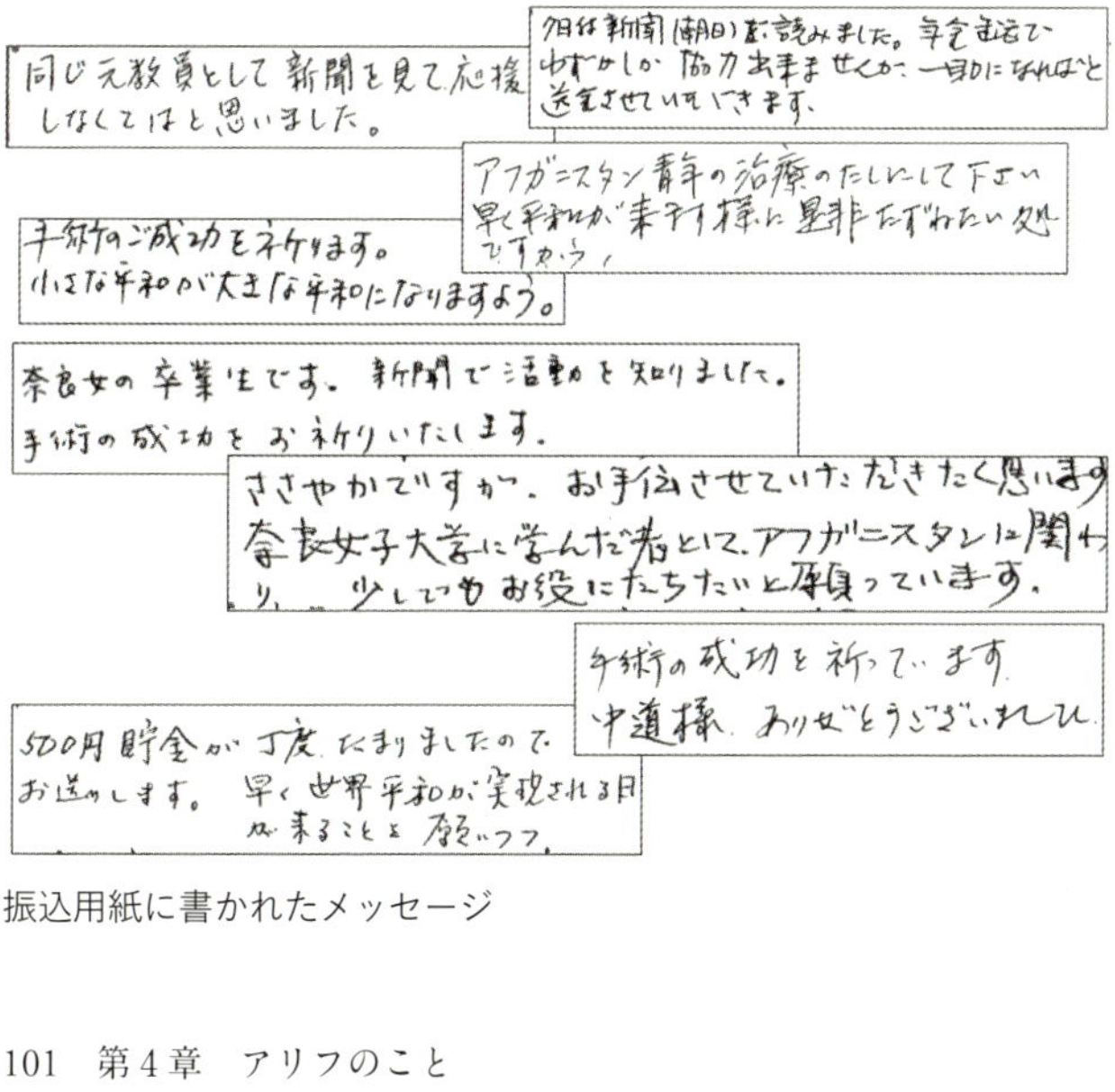

振込用紙に書かれたメッセージ

ある日、Oさんと名乗る方から電話があり、「どれくらいの寄付が集まっていますか」と聞かれました。正直に状況をお話しすると、「中道さんなら、お金を有効に使ってくださると思いますので、100万円を寄付します」と。「片脚のみの人工関節の予定が、両足になりました。Oさんからいただくお金、本当にありがたいです」と申し上げると「よかった！」と電話の声が弾んで、本当に喜んでくださいました。「私と妻と神様から」と言われていました。きっと信仰心の篤い方なのでしょう。ただただ感謝！　です。

振込用紙のコメント欄にもうれしい一言が添えられているものがたくさんありました。自分のお金を寄付するのとは一味も二味も違ううれしいことでした。

病院生活

アリフ兄弟には日本語も英語も通じません。病院での意思疎通のためには通訳が必要になります。そのことを新聞記事の中で紹介していただいたところ、新聞記事を見たというアラシュから電話があり、日本語とダリ語の通訳をお願いすることになりました。彼は、大阪教育大学大学院で学ぶアフガニスタンからの留学生でした。また、病院に行くと、ときどき、日本に住むアフガン人もお見舞いに来てくれていました。アリフにとって、遠く離れた地で、アフガン人の訪問を受けることはどんなに心強かったことでしょう。

入院をするとすぐに、手術の段取りです。はじめは、片脚を固定して動かないようにし、もう片方に人工関節を入れる手術をする予定でしたが、結局、両方に人工関節を入れることになり、早速、1月21日に左脚の手術が行われました。レントゲン写真を見るまでは、彼の状態について具体的なイメージがつかめなかったのですが、レントゲン写真を見て、本当に驚きました。骨盤部分にある関節が全く見当たらず、両脚が付け根から完全に骨盤に癒着しているのです。「よくぞ、こんな状態の患者を引き受けてくださった！」と、改めて、山野先生のすごさを認識しました。

新聞記者の方もときどき、取材をしてくれました。山野先生に出会った記者さんからのメール「今日、病室で山野先生から『自分の脚で立てるようになる』と聞かされた時、アリフさんが見せた笑顔は、一生、忘れないでしょう（あれは、ものすごい瞬間でした）」と書かれていました。掲載記事について「今回の記事では、アフガニスタンの今後の不安を強調しすぎたかも知れませんが、今後は、そんなアフガニスタンで生きている人々の体温が伝わるような報道を心がけたいと思います」とも書かれていました。「武力に頼らない支援をしてほしい」というのもうれしいコメントでした。

3月9日には二度目の手術が行われました。私の自宅から病院までは、電車を3回乗り継いで2時間近くかかります。朝9時からの手術が4時間ほどで終わると聞いていましたので、午後1時前に病院に行きました。2時頃、看護師さんから「手術は途中なのですが、先生から話があるので手術室に来てください」と言われ、「何が起こったのか……」と心臓がパクパクしました。

話というのは「人工関節を止めたねじがちょっと長すぎて出ているので、もう一度やり直します。滅多にこんなことはないんやが……。器具をもう1回消毒するのに2時間ほど。その後は30分ほどで済むから」と、こともなげにおっしゃいました。彼の脚が予想以上に縮んでいたせいだったのでしょうか……。さすがに先生もちょっとお疲れのご様子に見えました。バッカーイ研修医は、「朝9時から夕方6時まで手術。途中休憩はあったけれど、疲れた～」と、手術後はいすにへたり込んでいました。それにしても、山野先生のパワーは70歳を超えた方とはとても思えませんでした。

結局、手術が終わって麻酔から覚めたのは6時半ごろ。前回は、硬膜外麻酔ができなかったので痛みが激しかったですが、今回は、点滴の中に痛み止めを入れるという方法をとってくださったので、痛みは

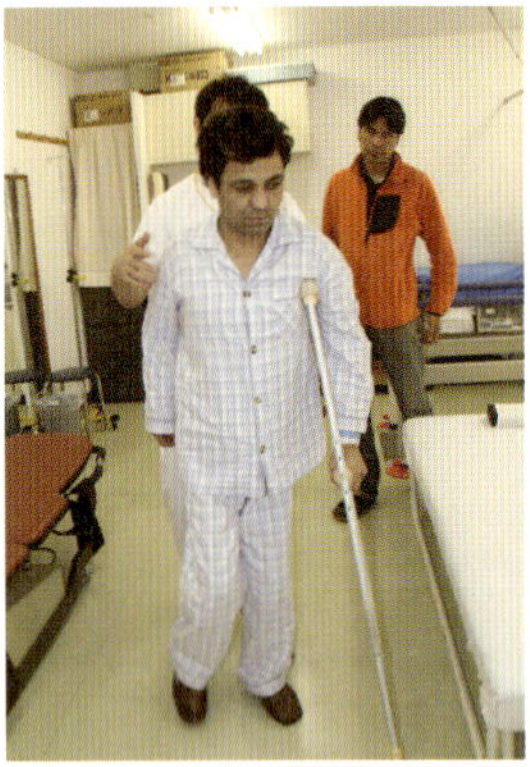

リハビリに励む

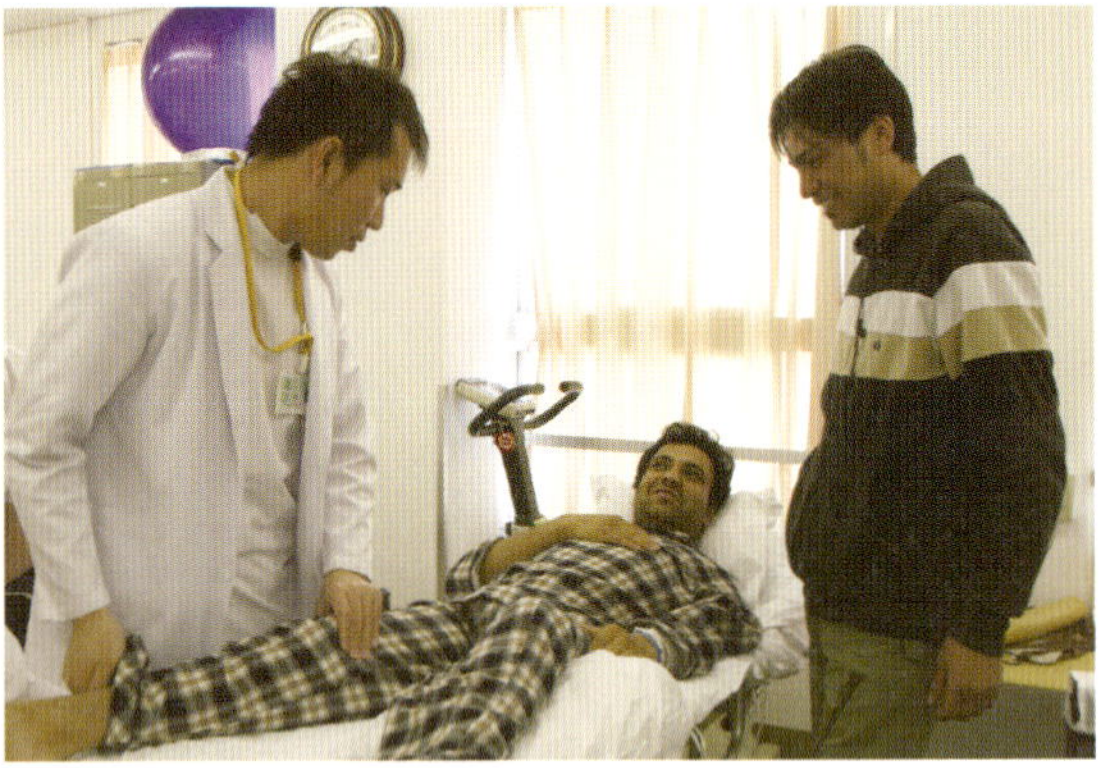

理学療法士の上野さん（左）と通訳のアラシュ（右）

前より小さかったようでした。

手術が無事終わり、アリフはリハビリに励んでいました。しかし、3月も中頃になると、付き添っていたラティフの様子が少しずつおかしくなっていきました。気分転換に「外へ行こう」と誘っても、「アリフが一人になるから……」と出かけようとしません。ラティフは甘いものばかりを食べすぎるので、そのことをひどく叱ったちょうどその頃から元気がなくなったので、そのせいでは？と気になって、何度も元気がなくなった理由を聞きただしました。しかし、「あなたはお母さんみたいなもの。母親なら、叱られたって、ひっぱたかれたって大丈夫」と返事が返ってくるばかりで、やっぱり気になってしまいます。

ラティフの状況は日を追って悪くなっていきました。今にも死にそうな顔をしています。そんな状態の兄の姿を見るのがつらいらしく、「僕は大丈夫だから、兄さんは先に帰って」と、アリフが泣きながら懇願する始末です。結局、3月末にラティフはバーミヤンに帰っていきました。

一方のアリフは、このころには、「歩けるようになる」ということが実感できるようになり、痛くてつらいリハビリに精を出し、充実した日々を過ごしていました。当初は3か月の予定で来日し

感謝 踏みしめる大地

アフガン青年帰国

カンパで足手術

原因不明の病気で動かなくなった両足を1月に来日して手術したアフガニスタン在住のモハマド・アレフさん(29)が27日、帰国の途についた。日本でのカンパで両足に人工関節を埋め込み、リハビリに励んだ。15年ぶりに自分の力で歩けるようになり、「日本の皆さんに感謝してもしきれない」と話した。

午前10時ごろ、約4カ月入院した堺市堺区の清恵会病院を退院。カンパを募った支援者の元奈良女子大付属中等教育学校教諭の中道貞子さん(62
もに関西空港に向かう電車に乗
カンパは目標を上回る約32
が集まり、うち240万円を手
渡航費に充てた。「経済的に厳
代でありながら、多くの方が
若者の夢をかなえるために協力
ださり、世の中まだまだ捨てた
ゃないと感じました」と中道さ
ンパの残りはアフガンの教育支
うという。
（武田

手術して歩けるようになったモハマ

2009年5月27日　朝日新聞

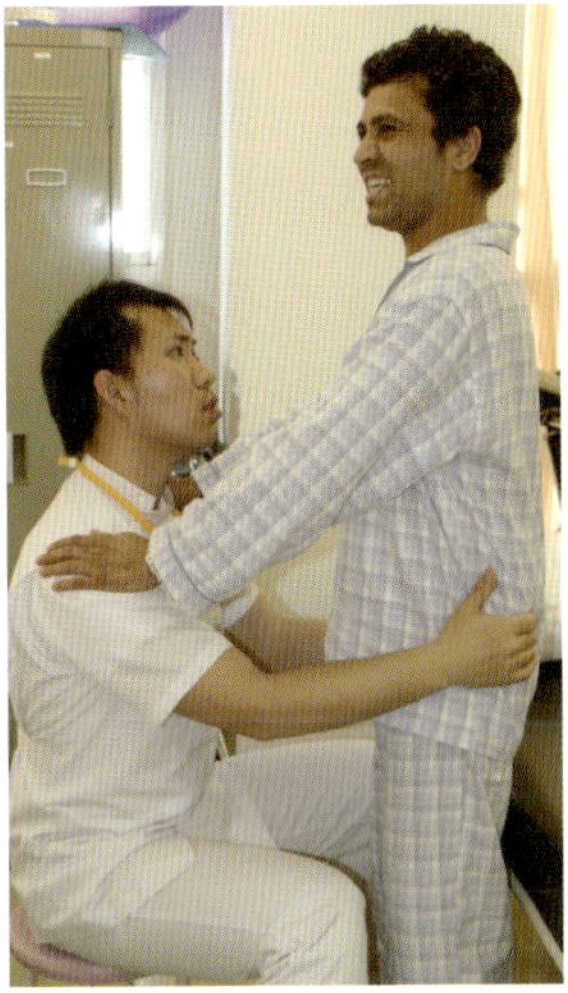
リハビリに励む

百均ショップでお土産の品定め

大阪湾に臨む港で

ましたが、手術が2回になったことで、帰国までにはもう少し時間がかかります。5月には、在留期間延長の申請をするために、大阪の入国管理局まで出かけました。病院の近くを散歩することはあっても、遠出をするのは日本に来て初めてのことです。この年は新型インフルエンザが猛威を振るい、薬局でもコンビニでもマスクが売り切れるという騒動まで起こった年です。外出時には、みんなマスクをかけなければならないのはちょっと残念なことでした。

大阪の入国管理局は、大

阪港の近くにあります。折角の機会なので、天保山のハーバービレッジに足を延ばし、大観覧車に乗ったり、百均ショップでお土産を買い込んだりしました。彼にとって忘れがたい一日になったことでしょう。

帰国間際になって、小さな問題が生じました。「歯が痛い」というのです。入院中の病院には歯科はありません。どうしようか……と少し思案をしましたが、思い切って、病院近くの歯科医院に飛び込みました。事情をお話しすると、親切に治療をしてくださいました。しかも「私もボランティアで」と無料で！　アリフ招へいに際してはずいぶん時間も使いましたし、しんどいこともたくさんありました。でも、思いもかけない人々の温かい思いに触れることのできた貴重な体験でもありました。病院に見舞ってくださった方、歯科医院に付き添ってくださった方など、ここに書ききれなかった方も含め、多くの人々に支えられたアリフの日本での生活でした。

5月27日、いよいよ退院の日を迎え、スタッフに見送られ、晴れ晴れとした顔で帰国の途につきました。

帰国の途へ

09年5月29日、アリフと私はカブールに到着しました。この日はディーバ家に宿泊し、翌日早朝、アリフと、カブールに出てきていた兄のラティフと共にバーミヤンへ向かいました。道路事情もよくなっているので、急

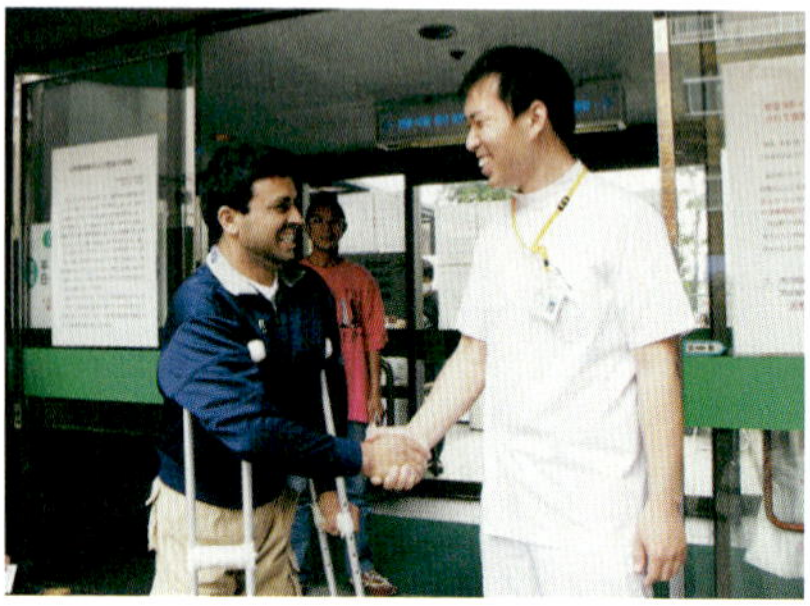

お世話になった上野理学療法士と

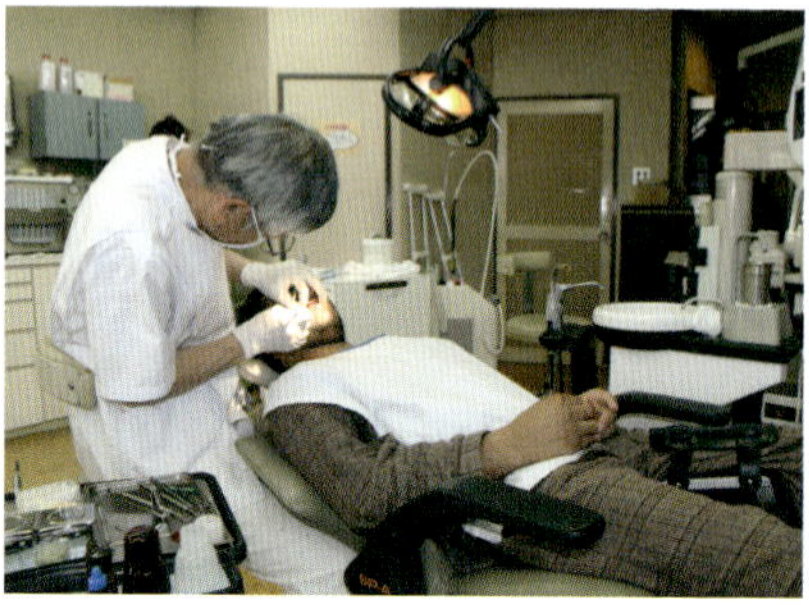

歯医者さんにて

バーミヤンに向かう

げば7時間で到着する道のりです。それまではカブールから車をチャーターしてバーミヤンに出かけていました。ドライバーは、JICA短期専門家としてカブールを訪問したときのドライバーだったアマンか彼の弟のホマユーン。彼らは英語も堪能ですし、優秀なドライバーでしたが、最大の欠点は高くつくこと。年々請求額が高くなっていて、08年には1日200ドルを要求されました。しかし、今回はアリフたちも一緒ですので、バーミヤンからの車を使い、片道100ドルを支払いました。

　これまでは、ほとんど休憩することなく、バーミヤンまで車を飛ばしました。しかし、今回は車がゆっくり走る分、風景がよく見えました。また、休憩場所も、いつもの人気のない場所ではなく、チャイハナ（茶店）で遅い朝ご飯をとる彼らにお付き合いです。チャイハナ近くにいる人たちは、滅多に来ない外国人を珍しそうに眺めています。「写真撮って」と人懐こく近寄ってくる者も。

安井さんに迎えられて（ホテル・シルクロード・バーミヤンにて）

家族との再会
（左から、シャリフ、カディール、叔父のハッサン、右から、アリフ、ラティフ）

これまでとは違う楽しい旅でした。

午後3時過ぎ、バーミヤンのホテルに到着すると、安井さんが「よかったねえ！」と満面の笑みで迎えてくれました。

翌日の昼食時、アリフの家を訪問しました。人工関節を少しでも長く使うためには机といすの生活をするようにと、山野先生から強く言われていました。しかし、食事の折は、正座をしているので驚きました。と同時に、バーミヤンの田舎で、一人だけが西洋スタイルの生活をすることの難しさを感じました。本人は「股装具を着けているので、90度には曲がらない。心配しないで」と言いますが、もし、脱臼でもしたら……と考えると心配が募ります。それでも、部屋には彼のためのベッドが用意されていました。アフガニスタンのトイレは和式で、多くは床に穴が設けられただけの簡単なものですが、アリフの家では、セメントを固めた一応西洋式といえるトイレが新しく作られていました。

彼には二人の兄と一人の弟がいます。長男のラティフは日本に付き添いとしてやって来ました。当時の職業は農業と聞いていましたが、今はバザールで電気修理屋さんをしています。次男のシャリフはアリフの近所に住んでいて農業をしています。弟のカディールはチャプダラ校の先生です。

高校進学（2010年）

09年末に無事チャプダラ校を卒業したアリフは、バーミヤンのバザール近くにあるセントラル男子高校で学習を続けたいと言いました。チャプダラ校は9学年しかないので、高校進学を希望する生徒たちは、ホランコッシュ高校に通学します。しかし、徒歩で1時間近くもかかる学校には、アリフは通うことができません。バーミヤンのバザール近くに住んで、セントラル男子高校で学びたいというのです。アフガニスタンでは教育費は無料ですが、バザール近くに住むとなると家賃が必要ですし、学習のための諸々の費用もかかります。歩けるようになったとはいえ、農作業などの激しい労働はできません。彼にとっては、教育を受けることはとても重要だと思い、3年間、毎月100ドルの奨学金を支援することを伝え、3月には無事に高校生になりました。

10年、バーミヤンに到着した翌日は金曜日でしたので、アリフが帰宅していると思い、チャプダラ村の自宅を訪問しました。あいにく、この日はチャプダラ村に帰る車が見つからず、アリフはバーミヤンのセンターに借りている家に残っているとのことでした。でも、いつもは金曜の朝に帰宅し、土曜の早朝にバーミヤンのセンターに戻っているといいます。車が見つからない場合は、兄がバイクで送っているとのことです。毎日ちゃんと学校に通っているようでした。また、授業は8時から12時ということで、金曜日を除く毎日午後1時半から2時半は英語のコース（塾）、朝7時から8時は数学のコースに通っているといいます。バーミヤンのセンターにある家には、兄のラティフと奥さん、上の子供4人が住んでいるとのこと。長男はセントラル男子高校の6年生、次男は4年生、長女はセントラル女子高校の8年生、次女は1年生。彼女は、昨年はチャプダラ校の1年生でしたが、進級できなかったようです。アフガニスタンでは、1年生から落第があるのです。下の2人の男の子はチャプダラ村に住んでいて、ラティフの母親

バーミヤンセンターの自宅の前で

セントラル男子高校で学ぶ

が面倒をみているとの説明を受けました。昨年までチャプダラ校の教員をしていたカディールは、家族を残してイランに出稼ぎに出ていました。

私の滞在中に、アリフとラティフをホテルに呼んで奨学金の話を詰めました。お金の話は大切なので、安井さんに通訳をお願いしました。1か月100ドルを3年間、半年ごとに振り込むことにしました。契約書を作成し、とりあえず第1期分を渡して領収書を受け取りました。銀行振り込みができるということだったので、帰国後、振り込み可能な銀行を探すことにしました。

後日談になりますが、この「振り込み」というのがとても大変でした。振り込み可能な銀行をあれこれ探し、この年の第2期分は、高い振込料を支払って何とか振り込みができました。しかし、翌年は、中継地であるドイツまでは何とか届いたものの、アフガニスタンのアリフの口座には振り込めずに、結局、会ったときに直接渡すしか手段がなくなりました。

バーミヤンを発つ前日、もう一度、アリフ宅を訪問することにしました。昼食を準備してくれるといい、11時40分、ラティフが約束した時刻ぴったりにタクシーでホテルにやって来ました。なかなか時間を守れないアフガン人ですが、遅れると私の機嫌が悪くなることを理解しているようです。一緒にセントラル男子高校に向かい、アリフを待ちました。

12時少し前になると、一斉に生徒たちが校門から飛び出してきました。すごい土埃です。英語を話せる生徒たちが近寄ってきて、いろいろ話しかけてきます。その中の一人がアリフの親戚といい、アリフが通訳を頼んだアッバス。カブールの中学を卒業し、10年生になってバーミヤンに来たそうです。彼は、他の生徒と一緒に部屋を借りて住んでいるといいます。4人で月500アフガニ（一人約250円。2500円の間違いではありません！）。炊事のうまい友人が食事の支度をしてくれているといいます。アリフも

アリフ宅で昼食、通訳はアッバス（右端）

このような生活ができれば月100ドルも要らないはずですが、身の回りの世話をする人がいるので、支援を必要としているのはしかたないことでしょう。
　アリフの家の近くには、叔父のハッサンの第2夫人が子供たちと住んでいました。ハッサンもチャプダラ校の先生で、自宅は学校の近くです。バザール近くの家に住む第2夫人の子供の一人は、全く歩くことができませんでした。16歳ですが、学校も全く行ったことがないといいます。生まれた時は正常だったが、10年くらい前に発症したとのこと。ちょうど、タリバン時代であり、山の向こうに逃げていたことが一因と彼らは思っているようでした。小児麻痺ではないかという人もいるようです。ハッサンは、息子もアリフのように歩けるようにならないかと聞いてきます。気の毒だけれど、アリフの場合とは事情が違いそうだし、彼の手術を引き受けることはできそうにありませんでした。

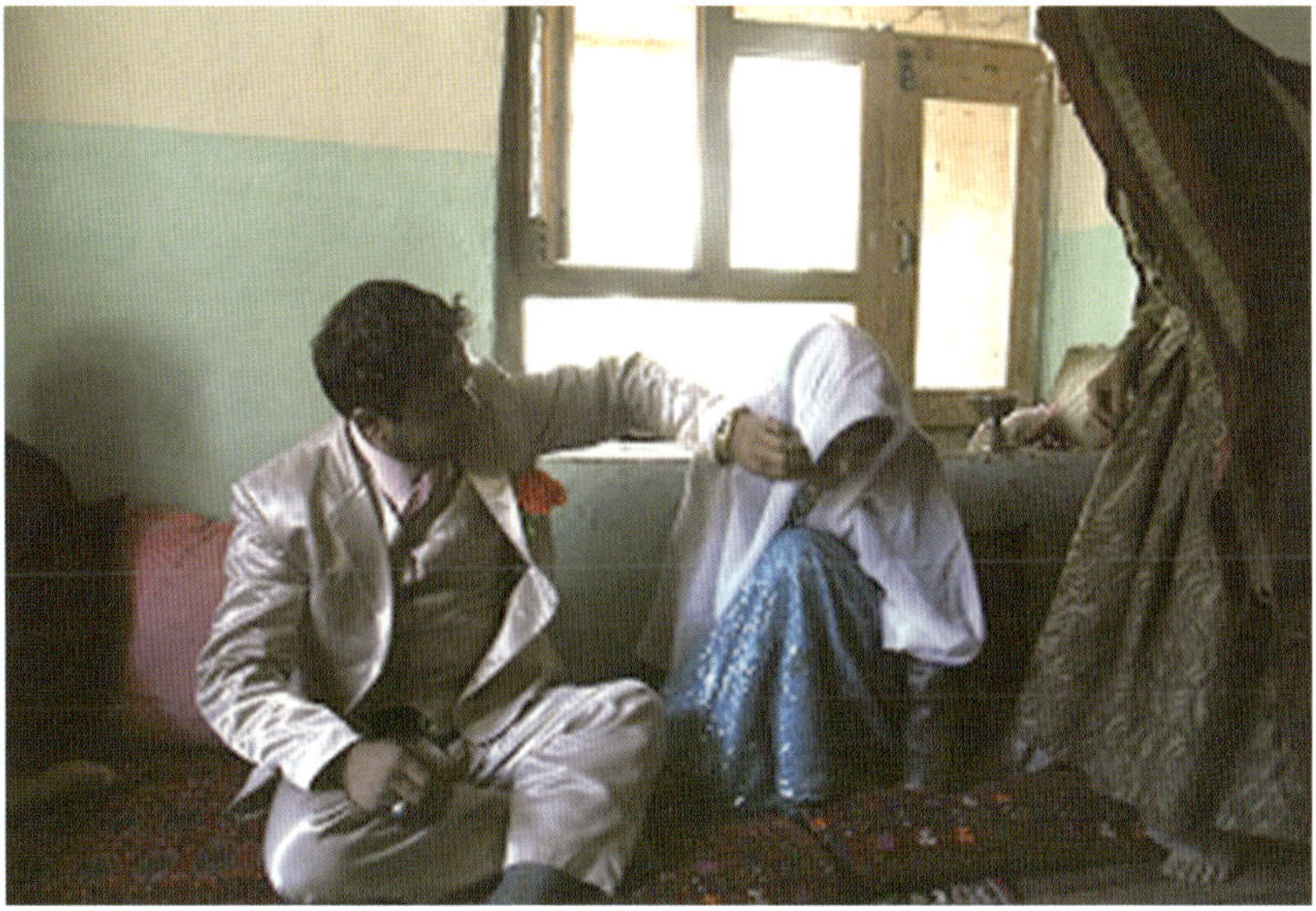
新婚のアリフ

アリフには、多くの日本人の厚意で歩けるようになったのだから、今度は自分がアフガニスタンの人のために働いてほしいと伝えました。

アリフの結婚（2011年）

午前中のチャプダラ校訪問を終え、アリフの家に立ち寄ると、彼はピカピカの白い三つ揃えを着て、胸には赤い花飾りをつけていました。何と、結婚したというのです。衣装は結婚式の時のものなのでしょう。奥さんに会いたいとお願いしました。随分待たされた後に、彼女は、はにかみながら出てきました。20歳で名前はスラヤ。近所の住人だったとのことで、彼の横に寄り添って座り、お互いにとても幸せそうでした。はっきりと2人が写った写真もあるのですが、家族以外に奥さんの顔を見せることは禁止されています。写真がアフガン男性の目に触れることもあることを危惧して、この写真を選びました。

1週間前に結婚したとのことで、今日まではチャプダラ村の自宅に滞在し、翌日、彼一人がバーミヤンのセンターにある家に戻り、セントラル男子高校への通学を続けるとのことでした。アリフの衣装や金ぴかの腕時計は中国製で、弟のカディールが買ってくれたといいます。前年、カディールはイランに出稼ぎに行っていましたが、アリフの結婚費用を稼ぐためだったのかもしれません。

タリバン時代、ハザラ人が住むバーミヤンでは、お金のある人々は国外に退去し、お金のない人々は、山の向こう側の村に逃げたと聞いています。逃げた村では、寒い冬には、小さな子供や老人たちの多くが死んだとも聞きました。当時、すでに歩くことのできなかったアリフをロバの背に乗せて逃げたという話を聞いたことがありましたが、家族のみんなが彼のことをとても大切にしているのを感じました。

翌日、バーミヤンのセンターの家を訪問しました。隣の家に住むおじいちゃんも来ていました。笑顔の素敵なおじいちゃんです。翌年、写真を持って行くと亡くなったとのことで、写真はご家族に届けました。この頃になると、なかなか松葉づえをつこうとしなくなっている彼に、人工関節を少しでも長く使うため、松葉づえをつかないといけないと、アッバスに縷々説明してもらいました。結婚して

自宅の前で家族と談笑

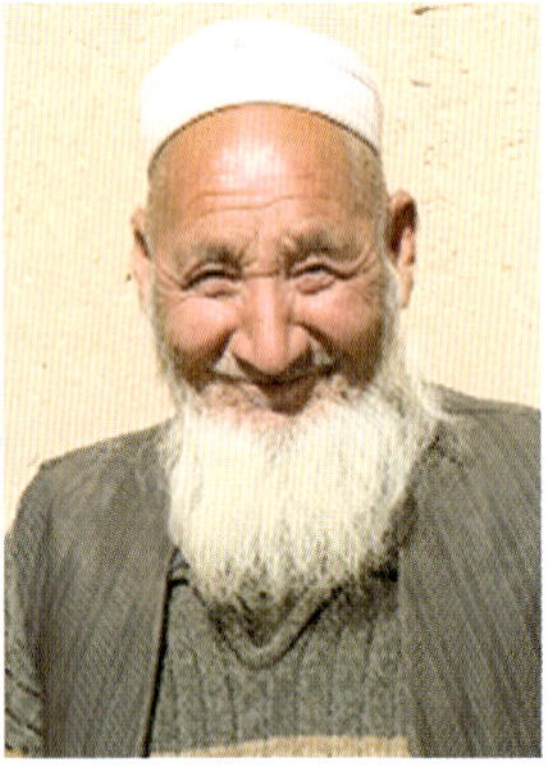
隣のおじいちゃん

も、しっかり勉学に励むように伝えて訪問を終えました。

長男の誕生（2013年）

休日の金曜日の午前中に、チャプダラ村のアリフ家を訪問しました。ちょうど居合わせた訪問客たちと一緒に、昼食をごちそうになりました。アリフには長男が生まれていました。名前をエルファンと言い、色白のとてもかわいい男の子でした。

12年に無事高校を卒業したアリフは、13年からバーミヤン大学の英語学科で学び始めていました。大学に通うアリフの写真を撮りたいので、バーミヤン大学前で会うことにしました。大学に到着すると、一張羅のスーツを着た彼が待っていました。結婚式の時に準備したスーツですが、真っ白だった

訪問客と一緒に昼食

長男誕生

バーミヤン大学講義室にて

バーミヤン大学の前で

30分かけて自転車通学

スーツはねずみ色にくたびれていました。それでも、彼にとっては最高のおしゃれだったのでしょう。

通学は急な坂のあるでこぼこ道を自転車で片道30分かけて通っているとのことでした。両脚に人工関節が入っていますし、激しい運動はよくありません。なんとか手助けしてあげたい気持ちもありましたが、彼ばかりに肩入れすることは、他の人々から妬みを受けることになることも危惧されますので、今回はただ見守ることにしました。

手術から8年（2017年）

4年ぶりにアリフ家を訪問すると、お母さんがにこにこして出迎えてくれました。兄のシャリフは妻が亡くなったとのことでしたが、新しい妻を迎えて、すでに彼女との間にも子供が生まれ、あわせて4人の子供がいました。チャプダラ校の教員をしているカディールには子供が3人。アリフも3人の父親になっていました。長男エルファン

4歳、長女エンシア3歳、次男エムラン2歳。

アフガニスタンでも、カブールのような都会では、町で女性を見かけることもあります。それでも、家の中では、女性は男性客の前には姿を現しません。まして、バーミヤンのような田舎では、既婚の女性は夫の同僚たちであっても、訪問客に姿を見せることはありません。その点、私は女性なので、奥さん方にも自由に会えます。また、みんな写真が大好きなのです。食事が終わると、撮影タイムが始まります。「じゃあ、写真を撮りましょうね」と声をかけると、女性たちはいそいそと着替えに出かけ、鏡を見て口紅をさし、とても楽しそうです。初めて出会った頃には、恥ずかしそうにうつむいていたスラヤも、今ではすっかり肝っ玉母さんの貫禄ができ、義理の姉妹たちと楽しそうに写真に写っていました。お色直しまでして、ピカピカの衣装で着飾った彼女たちの晴れ姿をお見せできないのがとても残念です。

ある日、アリフは教育局に出かける用があったと言いましたので、何の用だったのかを聞くと、「教員採用試験の結果を聞くためだった」と。結局、不採用で、待機者リストには載っていると言いました。教員採用試験の様子を聞くと、「バーミヤン州の教員採用試験では、受験者は1000人くらいあり、そのうちの1割くらいが採用にな

幸せそうなお母さん

三人のお父さんになる

る」と。アリフの成績は中位というので、しっかり勉強して、次の採用試験にトライするのがよいと伝えました。13年に会ったときは、バーミヤン大学の英語学科1年に在籍していました。その時はほとんど会話ができない状態でしたが、今年は、ゆっくり話せば何とか会話が続くようになっていました。うまく採用試験に合格し、チャプダラ校の先生になってくれたら、こんなにうれしいことはありません。成功を祈るばかりです。

今は、私よりも早く、しっかりとした足どりで歩けるようになっています。こんな状態の彼に「人工関節を長く使うために松葉づえを使いなさい」と言っても無理な状況と思えます。田舎では、いすに座る生活も難しいのが実情です。それでも彼は「将来、何が起こるのかとても不安」と、これから何が起こるのかを、心の底では心配しているのでしょう。「人工関節は、お金はかかるけれど、取り換えることができるものだ」と説明しました。山野先生に伺うと、再手術は初めの手術よりも難しいとのこと。また、一向に国の状況がよくならないアフガニスタンで、再手術ができる可能性はとても低いと思っています。手術をしてから8年余りが過ぎました。何年か先のことを思うと私も不安です。以前は、顔を合わせるたびに「松葉づえを使いなさい。いすを使いなさい。なるべく出歩く生活は控えるように」と言い続けてきました。でも、今は、いくら言っても、そんな生活を要求するのは無理だと思い始めています。彼はなぜか「人工関節を入れていることは誰にも言わないで」と私に口止めします。みんなには、元気になって何も問題がないと思っていてほしいのでしょうか。せめて、できるだけ長く、彼の人工関節が彼を助けることを祈るばかりです。

第5章
バーミヤンの風景

バーミヤンへの道

カブールからバーミヤンへは、2006年から08年までは、カブールで車をチャーターしての移動でした。06年と07年の運転手は、JICAの短期専門家として派遣されていた時のアマン、そして、08年はアマンが不在で、彼の弟のホマユーンを紹介してくれました。年々1日当たりの費用が高くなっていくので、長く滞在する経済的余裕がありませんでした。それでも、カブールからバーミヤンまでの移動に要した時間は、06年は8時間半でしたが、翌年は7時間となり、朝早くに出発すると、お昼に到着することができるようになりました。彼らは優秀な運転手ですし、英語も堪能なので、通訳も兼ねてくれるのも魅力でした。

09年はアリフ兄弟が一緒ののんびり旅だったことは、先の章で紹介しました。また、この年の帰路は、片道250ドルという高額でしたが、国連機のチケットを手配してもらえたので空路でした。それも、カブール↓バーミヤン↓ヘラート↓カンダハル↓カブールという一方向のフライトなので、カブールとバーミヤン間のフライトは30分ほどなのに、このときはカンダハル空港内での長い休憩をはさんで5時間の旅になりました。

バーミヤンを経つ日は6時半に空港へ向かいました。空港といっても、自由に人が入れるような状態です。登校前の子供たちが飛行機の到着を待っています。なぜ？　と不思議に思いました。40人ほどが乗れる飛行機が到着すると、キャビンアテンダントやパイロットが、飛行機の中で配るキャンディを抱えて降りてきました。群がる子供たち。子供たちが飛行機の到着を待っている理由がわかりました。キャビンアテンダントはうれしそうに集まってくる子供たちを見て、無邪気に喜んでいます。でも、私は「これで

いいの?」と素直に喜べません。案の定、次に私の所に来て「キャンディ」と手を出します。別の子供は「ペン、ペン」と手を差し出します。貧しくても、安易にものをねだることを覚えさせてはいけないと、私は思っています。

7時半に離陸。席の隣は、UNEP(国連環境計画)で働いている方でした。

灌木を切って薪にすると山肌が荒れ、洪水の原因になる。灌木の代わりにガスを使うような指導をしている。生徒たちをバーミヤンのオフィスに集め、絵のコンクールをした。3時間の間に絵を描き、優秀者にトロフィーを渡すというもの。中には、バーバーマウンテンから川が流れてくる様子の絵を描くものもあり、こうした絵を描かせることで、水源を考えるきっかけになる――といった話をしてくれました。アフガニスタンの環境に関するいろいろな情報を得ることができ、退屈しない空の旅となりました。

バーミヤン空港

2013年にはカブールとバーミヤン間をイーストホライズン社の民間国内機が飛ぶようになっていました。カブール空港では、何度も厳しい荷物チェックがありました。しかし、復路で利用するバーミヤン空港は、まだ整備ができていません。ホテルから空港までは10分足らず。10時15分のフライトだというと、9時半にホテルを出ればよいといわれました。空港に着くと、飛行機が停まっていました。しかし、その飛行機はチャーター機であり、保健省の副大臣が乗ってきたもので、一般用の航空機はこれからカブールを経つといいます。結局、出発したのは2時間遅れの12時15分。カブール空港に到着したのは12時50分でした。バーミヤン空港にはチェックインカウンターもなく、Eチケットを渡すと、手書きで搭乗券に必要事項を記入しています。荷物チェックも手作業です。日本の支援で行われている空港事業は止まっているようでした。滑走路は相変わらず砂利道。一応フェンスはあるのですが、ところどころに扉があり、滑走路を車が自由に横断しています。治安のことを考えれば、これでよいのかと思ってしまいました。

17年には、イーストホライズンの飛行機にかわって、カムエアーの飛行機が飛ぶようになっていました。カムエアーのホームページを見ると、03年に設立されたアフガニスタン最初の民営旅客航空と書かれています。今は、国内線だけでなく、ドイツや中東などへの国際線も定期運航している会社です。インターネット予約ができ、クレジットカード支払いもできるようになったのでとても便利。出かける前に、カブール

イーストホライズンの民間機

バーミヤン空港の滑走路

とバーミヤン間の往復チケットを購入して、Eチケットも受け取っていました。

しかし、出発3日前になって、「カブール―バーミヤン間のフライトがすべてキャンセルされた」という連絡が入りました。「いったい何が起こったの?」と驚き、慌てました。いろんな人からの情報やネット検索をし、事情がわかって唖然としました。ミドルイーストプレスのウェブサイトに以下の記事を見つけたのです。

バーミヤン出身の国会議員が3時間待っても来なかったために、カブール空港を離陸した。しかし、この便はバーミヤン空港に着陸できなかったため、カブールに戻らなければならなかった。彼の支持者がバーミヤン空港の滑走路に入って着陸を妨害した。飛行機は、カブールに戻り、国会議員が乗り込んで再びバーミヤンに向かった。航空規則によれば、すべての乗客は2時間前にフライトの準備ができている必要があるが、アフガニスタンでは国会議員はこの法律の外にいるようだ。

こんなことがあって、カムエアーは、バーミヤン空港の安全性が確保できるまではバーミヤンへの便は飛ばさないと激怒。私はそのとばっちりを食ったわけです。幸い、ドバイのホテルにいるときに再開の連絡が入り、フライトチケットの再予約をして事なきを得たのですが、一時はどうなることかと肝を冷やしました。

カブールに到着した日は、空港近くのカリマ宅に泊まりました。カムエアーの注意書きには、国内便でも3時間前に到着するようにと書かれています。電話で確認すると、国内便の場合は2時間前に到着せよとのこと。彼女の家から空港までは、何もなければ10分ほどの距離です。6時45分のフライトでしたが、乗り遅れを恐れて、家を4時に出発しました。車にはお父さんが同乗しています。空港近くまで来ると、車がいっぱいで、空港の駐車場まで移動することができません。しかも、最初の荷物チェックポイントまで長蛇の列です。カリマは車を少し離れたところに移動させ、お父さんに車で待機してもらって、徒歩で行くことを決断しました。幸い、長蛇の列は男性の列で、女性の列は比較的すいていました。それでも、ボディーチェックを受ける場所には、我先にと列を乱す何人もの女性がいました。荷物チェック、ボディーチェックを無事済ませ、5時ごろには空港に入る入り口に到着しました。カブール空港は、一般の人が立ち入ることのできる場所から空港の建物までは、でこぼこ道を5分くらい歩かなくてはなりません。しかし、カムエアーの職員がまだ到着していないとのことで中に入ることができず、結局、5時半少し前に空港に入る許可が出ました。フライトの2時間前には到着していなさいと言いながら、職員が来たのは1時間20分前。いい加減なものです。それでも、空港内に入ると、チェックインカウンターはすいていて、ほっとしました。6時45分、オンタイムでカブール空港を離陸し、7時15分、オンタイムでバーミヤン空港に到着しました。日本の援助で整備された空港には、見違えるようにきれいな建物が建っていました。

カブールとバーミヤン間のフライトは週4便です。1週間後にバーミヤンを経ちました。カブールから到着した便が、45分後にカブールに向かいます。バーミヤンを8時出発です。6時半〜7時の間に空港に来るようにとのことでしたので、6時40分ごろ空港に到着しました。すぐに、女性の係員がいる部屋で荷物チェックです。バーミヤン空港では、相変わらず手作業です。ラゲッジ、リュック、手提げかばんの中のチェックやボディーチェックが無事終わり、チェックインカウンターへ向かいました。4年前とは違い、搭乗券は機械で発行されました。待合室に向かうと、すでに数人が到着していました。7時15分過ぎには、カブールからの便がちゃんと到着です。待合室には、男性が13人、女性が1人、2人の子供を連れた夫婦が1組待っていました。7時半を過ぎてもう1人やってきましたが、ほとんどの人は7時には待合室に到着していました。カムエアーは、往復ともにオンタイムで運行されているのですから、議員が乗り遅れたことを理由に着陸を妨害したという行動は、本当にあきれるばかりです。飛行機は、8時に出発、オンタイムでカブール空港に無事到着しました。

整備されたバーミアン空港

シュクロア（左）とザビウラ（右）

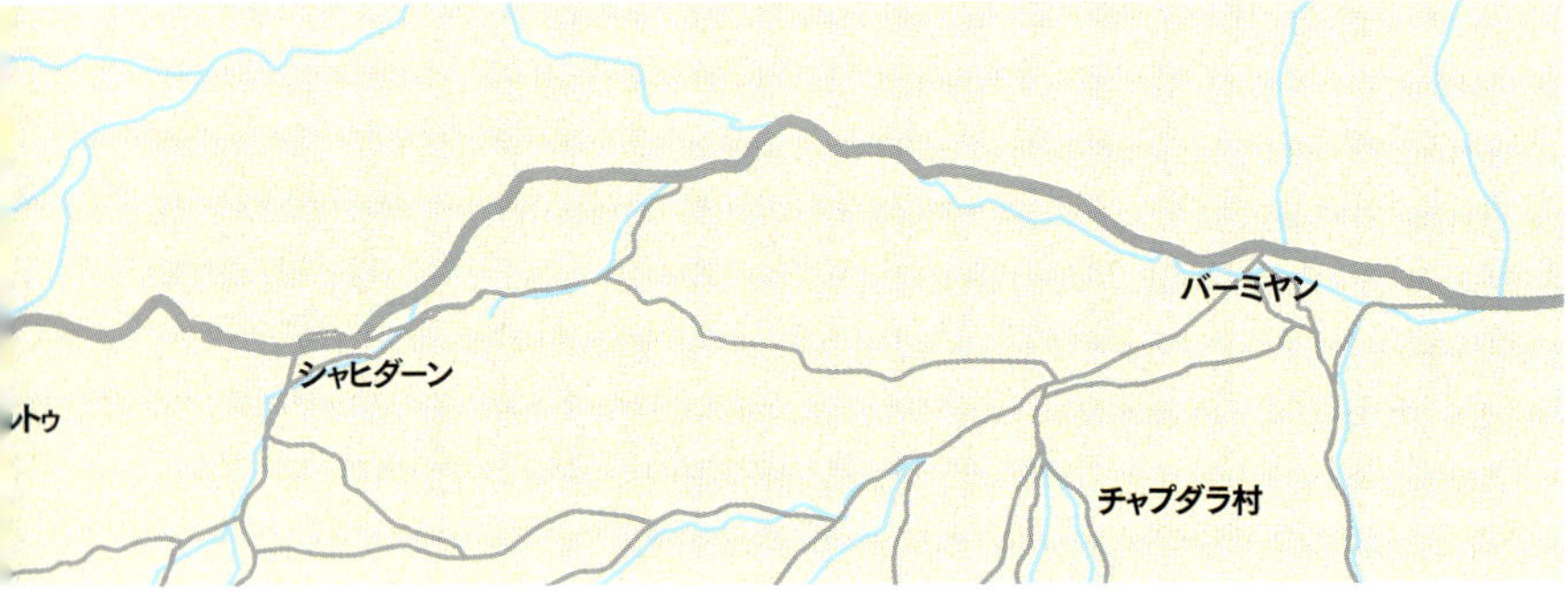

バンデ・アミールへ（２００９・10年）

ホテル・シルクロード・バーミヤンのウェブサイトには、バンデ・アミールについて、下のように紹介されています。

09年はバーミヤンに6泊しましたので、バンデ・アミール湖へ出かける時間がとれました。05年以来です。途中、ドライバーのザビウラと通訳を務める息子のシュクロアは、いろいろなことを話してくれました。現地の運転手をお願いしたことで楽しさ倍増です。

バーミヤンからは、ヤカウランに向かう道を走ります。この間の道路は工事中でした。日本がお金を出しているプロジェクトだけれど、韓国人が働いているといいます。バンデ・アミールに向かうあちこちで工事が進んでいました。

バーミヤンより西へ75km。緩やかな起伏の丘陵地帯の道路（一部未舗装）を走ります。標高約3000mの大地に忽然と現われる湖沼群。バーミヤンから、美しいシャヒダーンの峠（約3300m）を越えて行き、夏には、緑の草原に映える美しい高山植物や放牧の景色も見られます。

バンデ・アミールは「砂漠の真珠」とも例えられるほど美しく、中心の湖バンデ・ハイバットを中心に、最大のバンデ・ズルフィカール、バンデ・プディナ、バンデ・パニール、バンデ・グラマーンの5つの湖から構成されます（バンデ・カムバールはほとんど干上がっています）。バンデ・ハイバットのほとりにはイスラムの預言者、ハズラット・アリが一夜を過ごした場所として聖地になっており、この湖へ巡礼に訪れる人々が絶えません。

（ホテル・シルクロード・バーミヤンのウェブサイトより）

バーミヤンからバンデ・アミールへの道のり

タリバン時代の話もたくさんしてくれました。「タリバンはパシュツーン人で、サイガンからやって来た。見つかると殺されるので、私たちは2日がかりで歩き、チャプダラに近いバーバーマウンテンの裏にある集落で難民となった。家もテントもないところで1年ほどを過ごした。あるのは一人に1枚の毛布だけ。亡くなってしまう小さな子供もいた。食べ物はナンとチャイだけの生活だった」と。

出かける前には、バンデ・アミールの近くのチャイハナ（茶店）で昼食を食べることができると聞いていました。しかし、観光シーズンには早く、以前、ハズラット・アリ廟に行く道に並んでいたチャイハナは、国立公園になるにあたって全部立ち退かされたといい、跡形もなくなっていました。ホテルもあると聞いていましたが、どれも建設中でした。たぶん、今年の観光シーズンには開くのでしょう。私たちは、湖の見える景色のよい場所で昼食をとることにしました。私はビスケットとオレンジを持参していました。ザビウラはナンと魔法瓶に入った熱いお茶を持ってきてくれていました。敷物もちゃんと用意されていて、風は強いけれど、美しい風景の中で心地よい時間を過ごすことができました。

初めて会った日には16歳といっていたシュクロアでしたが、この日は18歳といいます。なぜ、そんな話になったかというと、自分には選挙権があるということから。アフガニスタンでは18歳から選挙権があるとい

バンデ・アミールに向かう

い、学生証を見せてくれました。

「みんなカルザイはだめだと思っているけど、アメリカの力でまたカルザイが選ばれるだろう。前の選挙で、カルザイはアフガン中の道路を舗装すると約束したが、全然守られていない。彼はハザラ人のためには何もしてくれない」と憤慨しています。誰が大統領になっても、国を変えていくのはたやすいことではないと思いますが、あちこちで失望の声を聞きます。やっぱりカルザイが選ばれるだろうという声も。そして、ハザラだパシュツーだと出身民族が話題になります。一つの国をつくるのは難しいことです。

選挙の話題が出たことが、後日、騒動を引き起こすことになるとは、このときは夢にも思いませんでした。というのは、大統領選挙が終わってしばらくした頃、真夜中に何度も自宅に電話がかかってきたのです。電話に出ても、うんともすんとも返事のない無言電話です。番号を調べると、頭に93がついているのでアフガニスタンからというのはわかりましたが、電話番号に心当たりがありません。その後、この電話がシュクロアからだということがわかりました。翌年、再びザビウラに運転手を依頼したときには、本当に申し訳なかったと謝っていました。用件は何だったのかを聞くと、カルザイが大統領になったことを伝えたかったのだと。4時間半の時差があることが念頭にないので、日本の真夜中に電話をかけてきたようです。真夜中の無言電話はとても気味悪かったのですが、その原因は無邪気なシュクロアの親切心でした。

帰途、道でお祈りしている人々に出会ったときのことです。「アフガン人は5時間（5 hours）お祈りするんだよ」とシュクロアが言い出してびっくりしました。そして気づきました。5時間ではなくて5回（5 times）のことだと。同じようなことが、教員養成学校の先生と話しているときにもありました。「4時間目に授業がある」というところを「4時に授業がある」というのです。period と o'clock の区別がつかないために生じた誤解です。基数と序数の区別をしないので、話がややこしくなる時があります。シュクロアは、父親に勧められて、5年前から英語を習っているといいます。アフガニスタンでは、コースと呼ばれる塾がたくさんあります。彼の代わりに来たナウローズ・アリも07年から英語を学んでいるといいます。貧しい中でも一所懸命英語を学んで将来の役に立てようとしているのはけなげです。しかし、どんな人が教えているのでしょうか。シュクロアは「先生は外国で勉強してきた人だ」と誇らしげにいいます。シュクロアと話していると、「とにかくいい加減！　でもこれがアフガニスタン」と感じてしまいます。

しかも問題は、自信過剰なことです。チャプダラ校で細胞の観察をしたことで、シュクロアと顕微鏡の話になりました。「ぼくの学校では、先生は顕微鏡でバクテリアを見せてくれた」といいます。培養もしないでバクテリアが見えるはずはありません。私が「何言ってるの？」というような顔をしていると「バクテリアって知ってる？」ときました。「細胞には核が3個あるんだ」とも。基本的に一つの細胞には核は一つです。また怪訝な顔をすると「核って知ってる?」とたたみかけてきます。「あなたは、核のことをneucleusって言うけど、ニュージーランド人と話したときはneuclearって発音するんだ」「えっ?　ニュージーランド人と細胞の話をしたの?」「いや、neuclear weaponの話をしたんだ」「そりゃ、日本人だってneuclearって言うよ」という具合に話はとんちんかん。核の話は許容範囲としても、見えもしないものを見えているごとくに教えるのは、生物教師としては許しがたい気持ちです。

そんなシュクロアでしたが、父親の話では、高校を卒業した後、カブール大学に合格したとのことでした。17年には内務省で働いていると聞きましたので、随分頑張ったのでしょう。私のことを家族から聞いたらしくて、滞在中に電話をかけてきてくれました。「×○※☆★……」何を言っているのかさっぱり聞き取れない英語の電話でしたが、とても弾んだ懐かしい声が聞こえてきました。いろいろ腹を立てることも多かったのですが、今となれば、素直で人懐こい若者だったと思えます。

10年のバーミヤン訪問は西垣敬子さんもご一緒。再びバンデ・アミールに出かけました。運転手はザビウラで、息子のシュクロアもまた、通訳としてやってきました。前年は1日10ドルでしたが、20ドルを要求、倍の値上がりです。

バーミヤンの中心部を出てしばらくすると、バーミヤンとヤカオランをつなぐ幹線道路に出ます。3年前に始まったという道路工事はまだ終わっていません。バンデ・アミールに行くまでの至る所で工事が進んでいました。大きなトラックが行きかい、ショベルカーで土を削っています。舗装をするとのことでしたが、まだまだ、そこに至るまでには時間がかかりそうに思えました。

塔のある風景を見ながら車を走らせ、シャヒダーン村を通ったのは9時半頃でしたが、お店はみんな閉まっていました。シェベルトゥを通るときには、「シェベルトゥでは空港建設の計画があったが取りやめになった」と話してくれました。カルガナトゥ、シャファスプリングを通り、バンデ・アミールに到着しました。出発してから2時間半ほどのドライブでした。

この訪問は5月末であり、公園の入場料徴収所もまだ閉まっていました。それでも、数組の観光客が来ていました。中には、プロパンボンベや料理の材料を持ってきて昼食の準備をしているグループもあります。やがて訪問客が増えてくれば、ゴミの持ち帰りや料理の後始末、湖の水で食器を洗わないなどの規制を厳しくする必要があるのではないかと心配になりました。汚れた湖は戻らないことの徹底した指導が必要だと思います。

みんなでバンデ・アミールへ（2017年）

チャプダラ校訪問中の休日にバンデ・アミール湖に行こうと思っていることを教員たちに話すと、みんなも同行したいと言います。折角の休日、家で休みたい人もいるのではないかと思ったのですが、全員の教職員が参加希望です。前日、授業が終わった後に、車や食事のことについて延々と議論が始まりました。教職員13人に女性教員カウカブの夫、通訳のアガフセイン、元教員のサイード・アリ、カディールの兄のアリフ、この日たまたま学校にやって来た卒業生2人と運転手アマヌッラーに私を加えた総勢21人で行くことに。アマヌッラーの車に5人、カウカブの夫の車に5人、残り全員が校長の車に同乗することになりました。車を出すことになった2人はガソリン代だけをもらえばよいと言います。

話し合いが終わると、私たちの車に校長が同乗してバザールに向かいました。この日配った文房具の数が不足していたので、文房具店に取りに行くためです。文房具店で校長が不足分を受け取る間、しばら

塔のある風景

工事中の道路（09 年）

西垣さんと

シャヒダーン村

ハズラット・アリ廟参拝を終えて

く車を停めていると、私たちの車のそばをミニバスが通り過ぎました。それを見たアマヌッラーが「僕の友人に腕のいいドライバーがいるよ。ミニバスを頼めば1台の車で行けるし、費用も安くなるじゃないか。友人は腕のいい運転手だよ」と、しきりに彼の友人の車を利用することを勧めます。私も、校長の車に11人を詰め込んでいくよりはいいのではないかと思えてきました。しばらくして文房具店から出てきた校長にこの話をすると「あなたは、私の運転技術を信じていないのか?」とムッとしています。「でも、プロの運転手の車の方が安心でしょ? あなたも楽だし、車も大きい方がみんなも楽でしょうし……」こんなやり取りをしていると、しまいには、「もし、私の車を使わないんだったら、明日のピクニックはやめる!」と駄々をこねる始末です。「みんなが楽しみにしているのに、そんなことできっこないでしょ!」と私も言い返します。すったもんだの末、結局、当初の予定通り、3台の車で出かけることにして一件落着です。しかし、人通りの多いバザールに停めた車の中で大声で言い合いを始めたものですから、通りすがりの人々は何事が起ったのだろうと振り返っていました。その後、バザール近くにあるホテルに立ち寄って弁当を注文し、八百屋で果物を購入しました。彼らは買い物となると時間を忘れてしまいます。果物の品定めをする何十分もの間、私は蒸し暑い車の中でぐったりし、うんざりして、彼らが車に戻ってきたときには、すっかり機嫌が悪くなっていました。最初の予定では、翌朝7時半に私のホテルに集合することになっていました。しかし、お弁当を取りに行ったり、追加の買い物をしたりするというので、すべて済ませてから私をピックアップするように依頼して、気まずい雰囲気のまま、みんなと別れました。

そしていよいよピクニック当日。7時45分には全員集合! アフガン人とは思えない素早さです。校長は、「昨日はごめんなさい」とばつの悪そうな顔をしています。「いやいや、私も言いすぎたから」と応えて出発しました。絶好の行楽日和です。

工事中だった幹線道路の工事は完了していて、道路事情はすっかり良くなっていました。校長が自分の車で行きたがったのも無理ないことと納得です。バーミヤンでは、「ジョブレス」と暗い顔をして答える人がたくさんいます。アマヌッラーは友人にお金を稼ぐ機会を与えたかったのだろうと、後になって思いました。8時半ごろ、カルガナトゥに到着すると、近くの小さなお店でナンとお茶を注文して朝食です。ゆったりした朝食を終えて9時半ごろに出発し、バンデ・アミールには30分ほどで到着しました。今はあまり観光客も多くないのですが、夏になるともっと多くなるといいます。ボートの数が以前より随分増えており、到着すると早速、みんなボートに乗りはじめました。校長と一番年長のワヒドだけはボートに乗りません。私は、カウカブに誘われて、夫妻と一緒のボートに乗りました。反対側の岸に上がったり、お互いのボートから写真を取り合ったり、みんなとても楽しそうです。

ボート遊びを堪能した後、みなさんがアリ廟にお参りする間、私は昼食をとる場所でのんびり休憩です。やがて、みながそろうと部屋を借り、持参した弁当を食べ、食後にはスイカを食べました。昼食時、ムッラーでもあるサイード・アリが日本の宗教のことをいろいろ質問してきました。また、第二次大戦後、欧州に留学した日本人500人が、帰国した時に皆殺しにされたと本で読んだが本当かという質問もありました。アフガニスタンと日本は同じ年（1919年）に独立したという話も出ました。アフガン人からは、独立年が同じという話はよく聞きます。「日本は植民地であった時代はない」と返答しているのですが。若い先生からは、「日本はなぜ、こんなに発展することができたのか」とか、「汚職はあるのか」といった質

きれいになった道路（17年）

問がありました。「日本は第二次大戦後は戦争をしていないから。皆で平和を守り、一所懸命働いてきたからだと思います」と答えました。歴史が苦手な私は、海外に出かけたとき、いろいろなことに答えられないことが多く、その時はしっかり歴史も学ばなくてはいけないなあと思うのですが、帰国するとそのままになってしまいます。自分の国の歴史や宗教をきちんと知り、聞かれたときにはちゃんと答えられるような教養を身につけるべきなのでしょう。

3時間ほどのゆっくりしたバンデ・アミール滞在を終え、帰路もカルガナトゥで休憩をとってホテルに戻りました。カルガナトゥを出発後、ホテルまでは35分ほどでした。ドライバーのアマヌッラーはがんがんスピードを出すので、他の車はもう少し時間がかかったように思います。いつもよりスピードが出ていたのは、プロのドライバーの腕を見せたいというプライドのせいなのかと感じました。

ともあれ、学校では見られない楽しそうな先生たちと共に過ごした何よりの休日となりました。

東大仏と西大仏

バーミヤン石窟についても、ホテル・シルクロード・バーミヤンのウェブサイトの説明を紹介します。

2010年、西垣さんと大仏見学に出かけました。東大仏には足組みが張り巡らされています。壁が落ちるのを保護する工事のためのようです。入場料を払うと、英語の話せる研究員がいて、東大仏を案内してくれました。05年には急な階段を登るのがとても大変でしたが、今回は手すりが付けられていて登りやすくなっています。しかし、前の時に見たきれいなラピスラズリの青い色を使った絵は見当たらず、また、顔だけは削り取られていたものの、衣服ははっきりと区別できた絵も、ほとんど跡形もなくなっていました。研究員は「天井画の周りの文様は、ガンダーラ仏の文化にビザンチン文化とインドの文化などいろんな文化が融合した文様を取り入れている」などと説明してくれました。

14年、アフガニスタン文化研究所の前田耕作先生は、アフガンの文化情報省と世界遺産バーミヤン遺跡の保存に力を注ぐ現地スタッフからの緊急な要請により「バーミヤン遺跡入場券」作成のための寄付を集めておられました。私もささやかな寄付をしたら、チケットが完成し、無事、現地の関係者に手渡されたという報告とともに、美しいチケットが送られてきました。

17年、このチケットをもって、西大仏の前にあるセンターに行きました。中にいた男性は「シリアルナンバーが打たれていないこのチケットはイリーガル。どこでこのチケットを手に入れたんだ?」と訝しんでいます。入手経路を説明すると「前田先生ならよく知ってるよ。でも、このチケットは使えない」と、今度は笑顔になりましたが、やっぱり300アフガニの入場料は払ってくれと言われました。

今回は、往路のフライトで一緒になったホマユーン、通訳と運転手の4人で訪問です。ホマユーンは、ハワイ生まれのアフガン人で、アメリカとアフガニスタンの2つの国籍をもっていると話してくれました。現在は、オーストラリアの大学院で人類学と考古学を学んでおり、バーミヤンへは、研究テーマを求めて調査にやってきたとのことでした。以前は、遺跡に関連した人々が働いているのを見ることがありましたが、今回は私たち以外に訪問する人は誰もなく、ひっそりとしていました。05年の訪問時に残っていたラピスラズリの色も、今はほとんど

バーミヤン石窟はバーミヤン谷の北側の絶壁に長さ1300mにわたって約750の石窟が造営された石窟群で、その東西に2001年、タリバンによって破壊された西大仏(高さ55m)、東大仏(高さ38m)があります。2003年には「バーミヤン渓谷の文化的景観と考古学遺跡群」としてユネスコの世界遺産に登録されました。現在もユネスコや各国の考古隊により遺跡の修復・保存作業が進められており、新しい発見も続いています。

バーミヤン東・西大仏の周辺の石窟は一部入場可能となっており、残された壁画の一部を見学することができます。標高2500mで上り下りを繰り返しますので、歩きやすい靴にリュックでおでかけください。　(ホテル・シルクロード・バーミヤンのウェブサイトより)

研究員から説明を聞く西垣さん
右下はバーミヤン遺跡入場券

残っていません。14年に前田先生から送られてきたチケットに添えられた手紙は「手を携えてバーミヤンを訪れることのできる日を心待ちにしつつ」という言葉で結ばれていたのを思い出します。専門家の方がご一緒なら、もっといろいろな興味深いお話を聞けるのだろうなあ……と思いつつ、ただ、何枚かの写真を撮ることしかできない自分の知識のなさを悔いたことでした。

バーミヤン教員養成学校（TTC）訪問

教員の養成にはTTCや大学の役割が大きいので、バーミヤンの教員養成の実態が知りたいと思いました。しかし、バーミヤンのTTCには知り合いがいませんでしたので、2009年、カブールを訪問した折にディーバに知り合いがいないかを聞くと、物理教員であるナシムを紹介してくれました。

最初、ドライバーは教育局近くの場所にある校舎に案内してくれました。しかし、ここではない

東大仏と石窟群

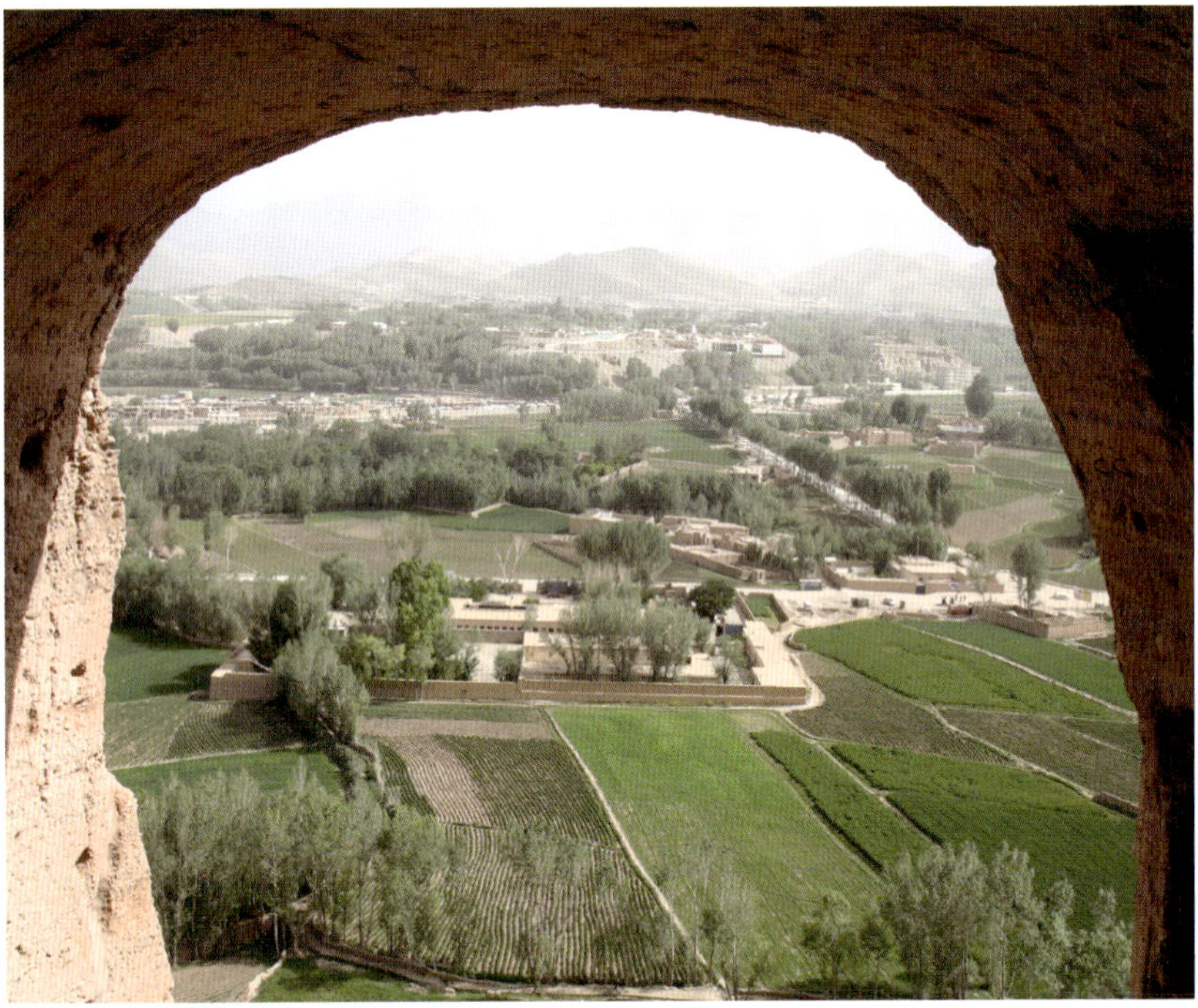

上・東大仏からの眺め　下・西大仏（13 年、17 年）

東大仏の中に残るわずかな絵（上・05 年　中と下・17 年）

と言われ、空港近くの建物を訪問しましたが、ここにはいないと言われました。もう一度ナシムに電話で居場所を確認してもらおうと、結局、もとの建物にいることがわかりました。やっとのことで会えたのですが、表で立ち話を始めようとします。「話ができる場所はありませんか」とお願いして案内されたのは、ベッドが２つある薄暗い寮のような彼の住まいでした。やってきたパシュツー語の先生も交えて話をしていると、レザという英語教員もやってきました。生物教員はカブールに行っていて不在だと言います。英語教材と生物教材を持ってきていることを告げ、後日、学校の実験室で会う約束をしました。

約束した日の９時、学校に到着すると、ナシムとレザを含む数人の教員が校舎の前にいました。生物の先生もいたので喜んだのですが、９時なら大丈夫と言っていたナシムは講義があるといいます。生物の先生は10時半までは大丈夫というので、生物・化学実験室に行き、「顕微鏡は？　エタノールは？」と聞くと「ない」との返事が返ってきました。ナシムに確認したときには、顕微鏡もエタノールもあると答えたのですが……。生物教員は、授業変更をして11時半までは大丈夫になったといいます。では、セントラル女子高校に行って、生物の授業があれば授業に参加することにしましょうと、生物教員を同行してセントラル女子高校に向かいました。あいにく、校長や教頭が今日は不在といいます。職員室にいる先生に生物の授業がないかを聞くと、８年生の授業があるとのこと。以前私が差し上げた顕微鏡があれば、授業をしたいと伝えました。しかし、顕微鏡をしまってある部屋の鍵を持っている実験助手が不在とのこと。

結局、女子高校での授業はあきらめました。

今度は、「セントラル男子高校に行くと、あいにく、こちらも校長と教頭が不在です。この日は、校長と教頭はみんな教育局に集められて研修とのことでした。

146

バーミアンの地図

今度は、「バーミヤン大学に知り合いがいる」というので、バーミヤン大学に向かいました。私は、そこで一緒に顕微鏡観察ができればと言ったのですが、生物教員が一人で大学に入っていき、随分長い時間戻ってきません。かなり経って戻ってきて、「大学の顕微鏡は電気がいるので、ＴＴＣでは使えない」というのです。大学の実験室で一緒に見ればよいという私の考えは、ちゃんと伝わらなかったようです。

結局、学校に戻った時には11時になっていました。「11時半まで時間がある」と言っていた生物教員でしたが、11時20分までだといいます。20分間で、持参したヒトゲノムマップ、ＤＮＡモデル、１９５３年に「ネイチャー」に掲載されたワトソンとクリックの論文（短いけれど、彼らがノーベル賞を受賞するきっかけとなったとても有名な論文）のコピーを渡し、ＤＮＡ抽出実験のプリントの概要を説明しました。しかし、DNAの図を見て、「DNARNA」と言ったり、ワトソン・クリックの名前やノーベル賞がわからなかったり……。渡したものが有効に使われそうもないことを思い、午前中振り回された徒労感も加わって、すっかり疲れてしまいました。また、物理教員のナシムから聞いていた実験室は、机の上にはガラス器具が散らかったまま。薬品さえ段ボール箱に入った状態で、机の上に無造作に置かれています。鍵のかかる戸棚は空っぽです。薬品の入った段ボール箱をのぞくと、硫酸や水銀などの瓶も乱雑に放り込まれている状態で、なんだかとてもがっかりしました。

この日の混乱の根源は物理教師のナシムにあることが後でわかります。「TTCに顕微鏡はある?」「イエス」「アルコールはある?」「イエス」「あなたの宿舎は私のホテルに近いから、朝、ピックアップしてあげましょうか?」「イエス」と、彼はすべてイエスと答えたけれど、すべて違っていました。その原因は「彼は英語がわからない」ということを私が理解できていなかったことです。「何でこんなにいい加減なの!」と随分腹を立てたのですが、彼は、私が話したことがわからないままに、イエスマンとして行動していたのです。彼との出会いは、ディーバが「バーミヤンTTCの物理の先生を知っている」と言って電話番号を教えてくれたことからです。彼女は「彼は英語が話せる」とも言っていました。「バーミヤンからカブールに帰る時、車を利用するんだったら、彼に同行してもらったらどうか」とも話していたので、彼とはかなり親しいのかと思っていたのです。しかし、ナシムはディーバを知らないといいます。カブールに帰ってからディーバに確認すると「知らなかったら、電話番号を知っているわけないでしょ。彼とは、JICAオフィスに向かう車の中で一度会ったの」とすずしい顔で言うのです。「英語が話せると言ったじゃない?」とたたみかけると「だって、彼がそう言ったから」と……。アフガニスタンでは、いろんなことがこの調子です。

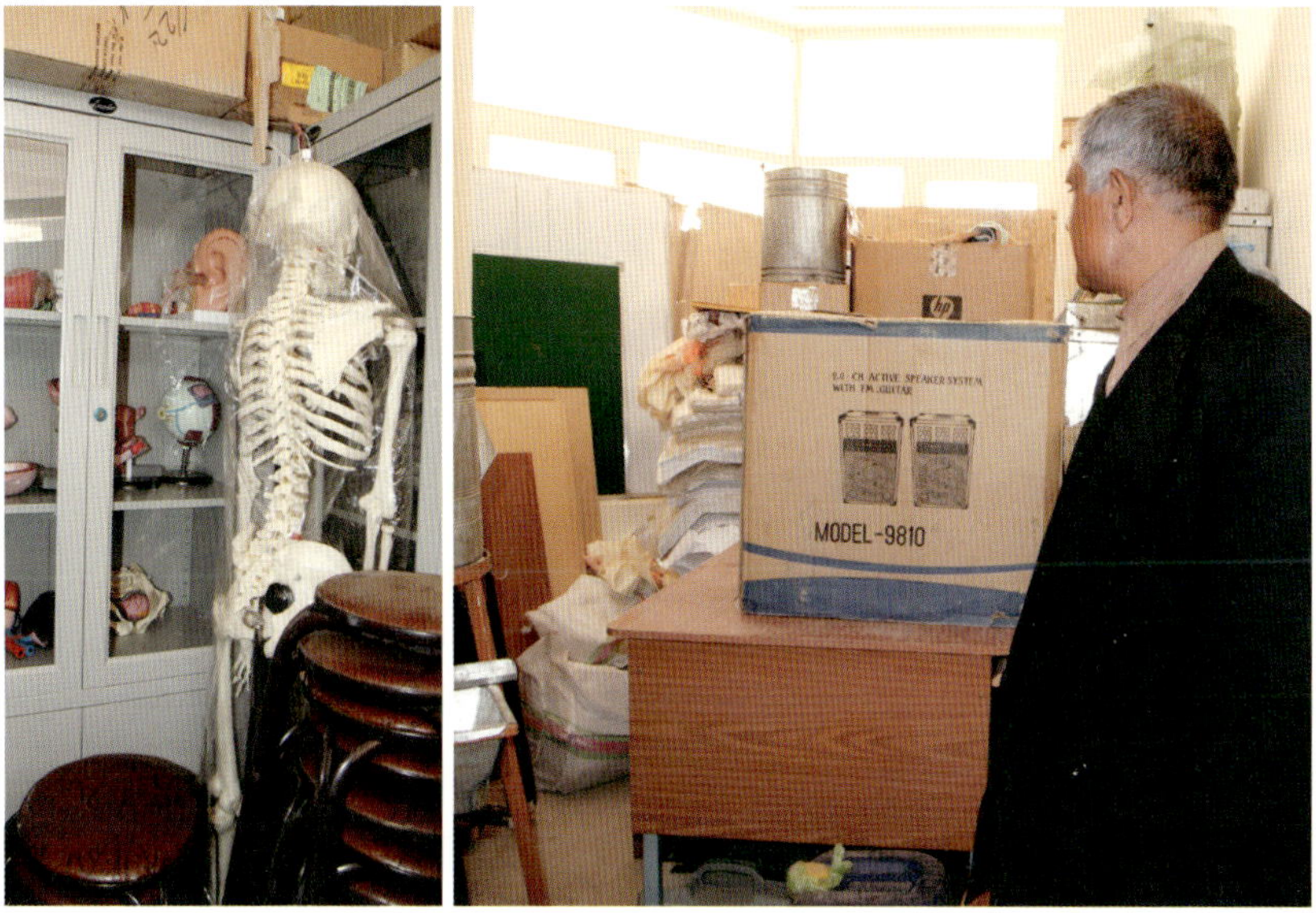

TTC の実験器具などが収納されている物置(10 年)(右端はディレクターの Ghulamhazat 氏)

ＴＴＣで学ぶ学生は、点数不足で大学に入れなかった学生が多いとも聞きます。どれくらいの割合かはわかりませんが、仮にそうだとすると、教育を担う者の質が危惧されます。「教育は国の将来のために重要」と思いますが、とにかく、教える人を確保するだけで精一杯というところでしょうか。

10年、もう一度、ＴＴＣを訪問することにしました。物理教師のナシムは英語が話せないことがわかりましたので、通訳を通して彼に電話を入れ、これから訪問することを伝えました。学校に着いたときに再度電話をすると、授業中でしたが、すぐに出てきてくれました。前年に会った英語教員レザもにこにこして出てきました。実験室がどうなっているかを見せてほしい旨伝えていると、ディレクターが出てきて、オフィスに案内してくれました。今は、講義室がないので、実験室にあったものをすべて箱に詰めて物置にしまってあるとのことで、物置を見せてもらいました。

13年にも再度、TTCを訪問しました。以前の場所から移転しており、責任者は前週に赴任したばかりという人物で、JICAさえ知らない方でした。「実験室兼図書室兼PCルーム」という部屋に案内してもらいましたが、TTCは相変わらず管理がずさんです。それでも、以前会った英語教員のレザと話ができたのはうれしいことでした。科学・数学・社会・宗教・ダリ語・パシュツー語・英語の7学科があり、5学科が新しい校舎、科学と数学の2学科は旧校舎で行われているとのことでした。スペースはできたが予算

新しいTTCの校舎の前で

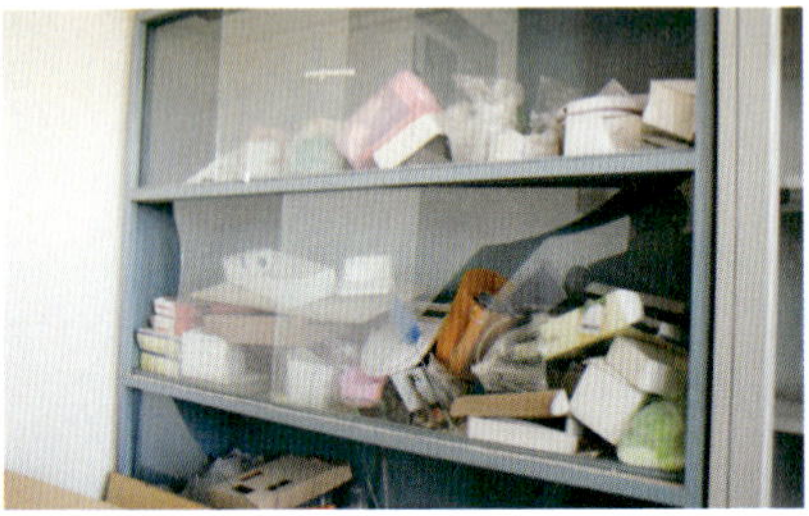

乱雑にものがはいったロッカー

新しく赴任したディレクターと

がない、科学の教員は大学卒の学士であり、さらなる研修が必要とも言います。実験室、実験材料、電気、部屋、パソコン、本、実験助手などが必要と、ないないづくしの状況について説明を受けました。また、冬期には、ベルギーの援助で、科学・数学・パシュツー語・英語の講習があるといった情報も得ることができました。

バーミヤン大学訪問

2008年には、カブール教育大学のナビ教授から、バーミヤン大学生物学科で教鞭をとっているモサビという教え子を紹介してもらいました。この年はあいさつをするために立ち寄っただけでしたが、10年には、もう少しゆっくり訪問したいと思い、彼に電話をして、訪問日時を決めました。約束の時刻に訪問すると、「今年は通訳がいないのか」と聞かれました。08年は、カブールから一緒のドライバーがいたのですが、この日は通訳がいませんでした。ゆっくり話せば何とか通じはするのですが、英語はあまり得意ではないようで、教官室にいる物理の先生が一緒に実験室を見せてくれました。

顕微鏡は光源付きのものであり、訪問時は電気がきていなくてちゃんと使えるのかどうかはチェックできませんでした。実験器具はわずかしかなく、模型は比較的たくさんありました。学生用の机というすが6個あり、中央には実験机がありました。TTCと違って、こぎれいに整理されています。ここなら、実験も可能ではないかと思いました。

13年には、再びモサビを訪問し、教室にいた数名の学生たちに簡単な実験の紹介をしました。男子学生は非常に熱心に関心を示しましたが、女子学生は退屈そうな様子でした。実験をしていると、インドで修士号を取得したというマスマというきびきびした女性教員に会いました。モサビは、修士号を取得するために留学がしたいと言い、日本への留学の可能性を聞かれました。真面目で熱心な先生ですが、英語でのコミュニケーションがとれることが必須ですので、彼の日本への留学は難しいと思われました。しかし、17年に訪問したときには、カブール教育大学の大学院に入ったと聞き、会えなかったのは残念でしたが、彼にとってはよかったと思いました。

17年、マスマが学長に就任したと聞き、バーミヤン大学を訪問しました。あいにく、学長はカブールに出かけていて不在でした。副学長も訪問時は授業中とのことで、しばらく待つことに。バーミヤン大学には、バザールの近くの旧校舎と、新校舎があります。

新校舎への道には、たくさんのソーラーパネルが並んでいます。理学部はまだ旧校舎で授業が行われているとのことで、しばらくすると、アブドゥル・サマル副学長が車でやってきました。学長室に案内され、しばらく話をしました。彼は、理学部物理学科の所属とのことでした。

JICAのPEACE（未来への架け橋・中核人材育成プロジェクト）により来日し、東京農業大学で修士号・博士号を取得したり、現在留学したりしている教員がいることが話題となりました。また、バーミヤン大学の女性講師の数は、186人中9人で、そのうち7人が修士（理学修士3人、農学修士2人、教育学修士2人）との説明もありました。

しばらく話をした後、旧校舎にある理学部に向かいました。入り口を入っ

生物実験室（10年） 中央がモサビ教授

生物実験室

た最初の実験室は化学実験室で、講義が行われていました。薬品はそれなりにありましたが、実験器具はないに等しいくらい貧弱です。何もない現状について、教授から説明がありました。

次に、生物実験室に行くと、2人の女性がいました。実習助手と心理学の講師とのことで、しばらくすると、生物学科長のジャミラがやってきました。通訳のアガフセインが在校中に習ったことのある先生とのことで、彼女の言うことを漏らすことなく伝えようと、彼女の要求をノートに書き留めています。彼女のお願いとは、

1　バーミヤン大学に奨学金を出すことに配慮してほしい
2　奈良女子大学と交流をしてほしい
3　女性教員に短期研修の機会を与えてほしい
4　カブール大学では、どの学科にも10人以上の教員がいる。しかし、バーミヤン大学では3～4人しかいない。バーミヤン大学にもっと関心をもってほしい

留学については、PEACEプロジェクトがあり、バーミヤン大学からも参加していると説明しましたが、そんな情報は私たちのところにまで回ってこないと言います。結局、力をもっている人が情報を独り占めし、よいように使っているのは、ここでも同じなのでしょう。生物実験室には顕微鏡が何台かあり、使っているとのことでした。日本から持参した高校生用

並べられたソーラーパネル

バーミヤン大学の新校舎

生物実験室（13 年）

化学実験室での授業　左側にいる女学生は写っていない

わずかな実験器具

ホテル・シルクロード・バーミアンの建物と客室

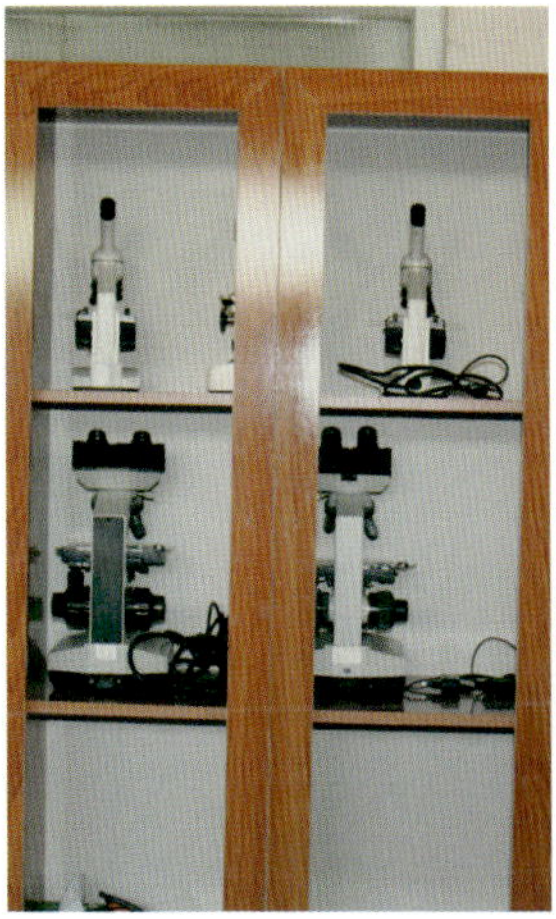

棚に収納された顕微鏡

生物実験室にて　ジャミラ生物学科長（左端）と
アブドゥル・サマル副学長（右端）

の写真資料集「生物図録」と顕微鏡観察の方法の入ったDVDを渡しました。図録の説明文は読めないでしょうが、きれいな写真がいっぱい掲載されているので、興味をもって見てくれました。

バザールの風景

バーミヤンでの宿泊はいつも、ホテル・シルクロード・バーミヤン。後ろに大きなホテルができてしまった（右ページ、左下）のは残念ですが、とても素敵なホテルです。

ホテルのすぐ近くには、いろいろなお店が並ぶバザーロードがあります。初めに訪問した頃の道路はでこぼこ道。やがてきれいに舗装されましたが、両側に並ぶお店は変わらない風景です。バザールの雰囲気をご紹介してこの章を終わりたいと思います。

ママナジャレストラン＆ホテル（10年）

上・車、バイク、ロバの行きかうバザール　中・香辛料、肉を売るお店　下・服地屋さんの前の西垣さん、八百屋さん（10 年）

上・行きかうたくさんの車　中・いろいろな形のナン、ソーラーパネルを売るお店　下・おいしそうなお菓子やナッツ、お菓子屋さんで出会った親子（17 年）

第6章
カブールにて

私のアフガン訪問の主な目的は、バーミヤンにあるチャプダラ校を訪問することです。しかし、バーミヤンに行くには、まずカブールに入る必要があります。アフガニスタンでは、治安の問題からタクシーは利用できないので、必ず、誰かに空港に迎えに来てもらわなくてはなりません。もし、カブールに誰も知っている人がいなければ、たとえ、バーミヤンが平和でも、アフガン訪問はかなわないでしょう。２００２年と03年は、大学やＪＩＣＡからの派遣でしたので、フライトチケットや宿舎の手配など、自分ですることは何もありませんでした。しかし、05年からは私的な訪問となり、何から何まで全部自分でやらなくてはならなくなりました。最初の頃は、カブールへのフライトは限られた航空会社で、乗り継ぎが不便なこともありましたが、年が経つにつれ、多くの航空会社によるカブールまでの便ができ、乗り継ぎも便利になっていきました。便が決まると、空港への出迎えの依頼です。私が依頼するのは、奈良女子大学で修士号や博士号を取得した元留学生たちです。この章では、そんな彼女たちのことを、そして、訪問した学校やカブールの町の様子について紹介したいと思います。

ディーバ家の人々

ディーバは、カブール大学の講師だった２００３年秋に来日し、奈良女子大学に2年半在籍して修士号を取得しました。彼女は１９７２年生まれ、来日時は31歳にしてすでに三男二女の母親でした。彼女の専門は物理学でしたが、情報の知識を得るようにという大学の要請を受けての来日でした。奈良女子大学で学ぶ初めてのアフガン女性であり、私は彼女のことを「アフガンの津田梅子」と称していました。コンピュータを使ったこともほとんどない彼女が、いきなり情報学科で学んで修士号を取得するのですから、本人だけでなく、指導をされる先生方も本当に大変だったと思います。加えて、彼女は長男と次男を日本に呼び寄せました。長男のサミールは私が勤務していた中等教育学校で1年半学び、少し遅れて来日した次男のホルサンドは奈良市の公立中学校で学びました。サミール来日騒動の様子は、前著『中道ママ　アフガンを行く！』に詳しく紹介しています。

05年8月、サミールは夏休みを利用して一時帰国しており、私がカブールに到着したときには、彼とその弟や妹たちがおじいちゃんの車で空港まで来てくれました。近所に住むディーバの実父母までもが来てくれての大歓迎です。でも、三男のヘラッドマンはお母さんが恋しくてとても暗い表情でした。

その翌年からは、留学を終えたディーバが出迎えてくれ、カブール滞在中は彼女の家にお世話になりました。彼女は私の長男と同い年であり、娘のような存在です。年に一度の訪問でしたが、その子供たちは、私にとっては孫のような存在。毎年の成長を見るのは、アフガン訪問の大きな楽しみの一つでした。しかし、彼女の家はカブールの町の中心から少し離れた治安のあまり良くない地区にあります。私が宿泊することで「外国人が宿泊している」と家族を危険にさらすことになる可能性も危惧されるので、ディーバ家を訪問したのは11年が最後となりました。治安の悪化のせいで、彼女の子供たちの成長を見る楽しみが奪われることになり、残念でなりません。

ディーバの夫は医者ですが、なかなか職が定まらず、ディーバが一家の稼ぎ頭となって家計を支え続けています。帰国当初はカブール大学で教鞭をとり、大学内に「女性のためのコンピュータセンター」ができた時には、センター長として活躍していました。しかし、予算措置がなく、「なぜ女子学生だけにコンピュータセンターがあるのか」といった男子学生からの非難もあったようで、翌年には機能を失っていました。

11年の訪問時、ディーバは、Technical & Vocational Education & Training Teacher Training Academy

女性のためのコンピュータセンターセンター長時代（07年）

（ＴＴＴＡ）のディーンとして働いていました。また、カブール大学でも週に2日教えるというとても忙しい日々を過ごしていました。ＴＴＴＡは、ドイツの支援でこの年に開校されたとのこと。「学校に関する情報がテレビで流れると、高校を卒業した８００人が入学試験に集まった。試験の点数で２５０人が合格、そのうちの２００人が来ている。今は1学年だけで、1クラス40人の学生×5クラス。実習と講義がある。今は2年間のコースだが、やがては4年制にして学士の資格を与えたいと思っている。自分に責任のある校舎については、朝の7時に開け、最後に閉めて帰る」といった現状について、誇らしげに話してくれました。

この年、夫は保健省のモニタリング・評価局で働いていました。木曜日午後に出かけた夫が帰宅したのは10時頃でした。病院のモニタリングに夜も出かけることがあるとのこと。20人の医師がいることになっているのに、2人しかいない病院も

TTTA の作業場

ディーバのオフィス

あると話してくれました。

翌金曜日の休日、夫は自宅で、電線などあちこち壊れたところを修理していました。これでやっと、トイレに電灯がつきました。夜中のトイレ用だけでなく、ディーバ家に泊まるときは、停電に備えて懐中電灯が必需品です。この年の滞在中は、夜に一度停電しました。ジャララバードでは週に何日かは停電するといいます。当時、アフガニスタンはトルクメニスタンから電気を買っているとのことでしたが、電気の安定供給も課題です。

ジャララバードの医学部学生となった長男のサミール（21歳）は試験中。ジャララは暑くて勉強できないというので、試験がない日はカブールに戻って勉強していました。今回は、ジャララからカブールに戻るとき、アメリカ軍の一団と一緒になり、普段なら2時間弱で帰れるところを7時間もかかってしまったといいます。月曜日に試験があるので、土曜日に帰る予定をしていましたが、軍の車が少ないということで、急きょ金曜日の午後に帰って行きました。ちょっと生意気で弟や妹たちに対して威張った態度をとるサミールですが、見るたびにまぶしいような若者に育っていきます。

大学で経済学を学んでいるというホルサンド（19歳）はトルコの奨学生試験にパスしたとディーバはうれしそうに話していました。しかし、その後もトルコに留学をしたという様子はありません。会うたびに「サミールの結婚相手が見つかったの」「サミールのために、部屋を増築しているの」とディーバは語っていましたが、サミールが結婚したという話は聞きません。サミールの結婚にせよ、ホルサンドの留学にせよ、現実にはなっていないのです。でも、ディーバが嘘をついているということではなく、彼女の強い願いがそんな言葉になって表れているように感じます。つらくて厳しい現実の中で、小さな希望を見つけて必死に生きる彼女を思う時、なんだかとてもせつなくなってしまいます。ともあれ、すごいひげを蓄えたホルサンドですが、いつも穏やかで優しい青年です。

11年、セーライ（18歳）はアリアナ高校の12年生、ガウガ（13歳）は同校10年生。タリバン時代、ディーバが開いていたホームスクールでみんなと一緒に勉強していたので、飛び級で年齢より上の学年です。ヘラッドマン（11歳）は、インターナショナルスクールの5年生、サナ（8歳）はオマラハーン校の3年生になっていました。05年に始めて会ってから6年目。みんな大きくなったものです。今では、食事の支度はガウガ担当、掃除洗濯はセーライ担当となり、サナもよくお手伝いをしています。しかし、2人の試験が重なったときには、どちらが家事をするかでもめるようで、互いに母親に訴えていました。ディーバは、娘たちが勉強をする時間がなくてかわいそうと、彼女たちを気遣います。

カブールは前にもまして埃っぽく、滞在中にだんだんのどが痛くなってきたことがあります。大学訪問時にクーラーが効きすぎて寒かったこともあり、とうとう風邪をひいて、まる1日、ディーバ家で寝こんでしまいました。午前中は授業のあるガウガがこの日は家にいます。ディーバには「大丈夫だから学校に行かせて」と言ったのですが、「先生一人おいて仕事には行けない。ガウガに面倒を見させるから」と、私のために学校を休ませてしまったのです。かわいそうなことをしました。夫も心配そうに、「薬を持っ

左からサナ・サミール・ガウガ・ヘラッドマン（05 年）

サナ 5 歳、8 歳

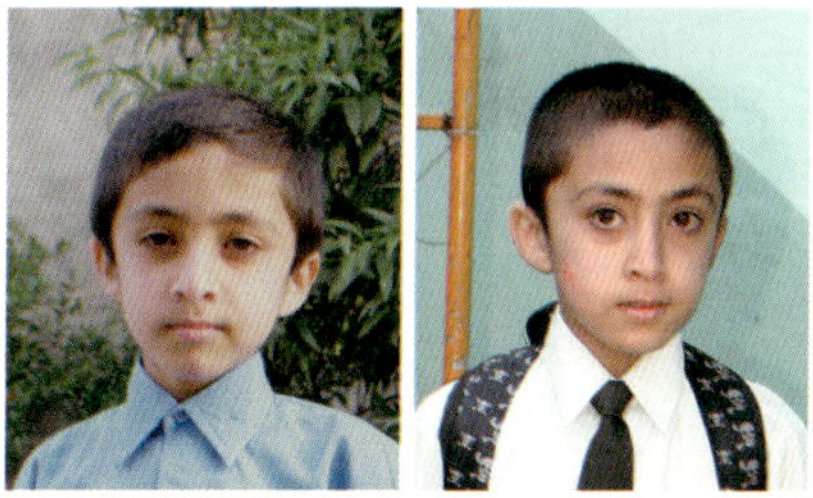

ヘラッドマン 7 歳、11 歳

サミール 21 歳と私

ホルサンド 15 歳、19 歳

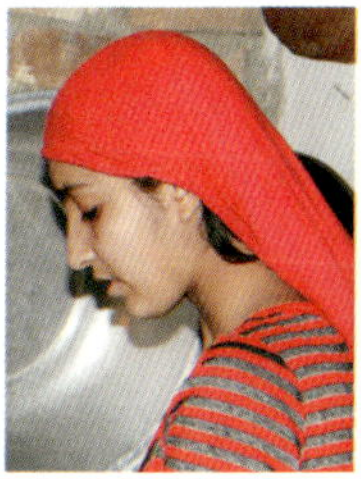

セーライ 18 歳

ガウガ 13 歳

制服を着たセーライとガウガ（11 年）

庭で種を植えるホルサンドとガウガ

てこようか」と聞いてくれます。私は日本から持参した風邪薬があることを伝えました。アフガニスタンで風邪をひいたのはこのときが初めて。のどが痛いというと、すぐにうがい薬を持ってきてくれました。薬局も経営する医者の家に宿泊しているありがたさです。その一方で、ディーバはいつも足のむくみがひどく、何種類もの薬を飲んでいます。医者に行くと、「この薬はだめ、自分の薬がよい」とどの医者も言い、結局どの薬がいいのかわからないと嘆きます。体調がすぐれないことも多く、何度も大きな手術をしていますが、いつもいくつかの学校で教えたり、女性課題省で働いたり、アメリカ大使館関連の機関で働いたりと、とても忙しい生活を送っています。家族のために働き続けなくてはならず、また、日々治安が悪化していく中で、家を出た子供たちが無事に帰宅するまで気を揉む毎日です。そんな彼女のことを思うと、ただ普通に暮らしたいだけの人々をこんなに苦しめる状況を誰がつくったのかと、言葉で言い表せない怒りと悲しみに襲われます。

カブール大学で活躍する元留学生たち

ディーバ来日の翌年、やはり国費留学生として来日したのはカリマです。彼女の専攻は数学でした。カブール大学での講師歴が浅く、2年半の滞在で修士号を取得して帰国したものの、カブール大学では教授のアシスタントのような仕事しか与えられませんでした。一念発起して2008年秋に再来日し、3年間で博士号を取得しました。彼女は独身で、3人の妹と1人の弟がいました。しかし、残念なことに弟を事故でなくし、すでに退職した両親もいるので、彼女は一家の大黒柱です。カブール大学に日本語教室が設置されたときには、学生たちに日本語を教える活動もしていました。また、カブールで質の良くない儲け主義の私立大学が林立することに腹を立て、「私がもっとちゃんとした女子教育をやりたい！」と、

生物実験室の戸棚

塾を始めました。しかし、誰かに脅されるようになり、閉鎖せざるを得なくなりました。彼女はアフガニスタンでは珍しい女性ドライバーでもあります。そんな彼女の目立った行動力が仇となったのでしょうか、やがてタリバンに脅されることになってしまったようです。

奈良女子大学では、カリマに続いて、05年にタヘラ（理学部化学科）、06年にファリダ（生活環境学部食物栄養学科）、08年にアデラ（理学部数学科）が来日し、修士号を取得しました。ファリダは、帰国後、故郷のヘラートに戻って、ヘラート大学で、後の3人は、カブール大学で教鞭をとっています。カブール大学には、日本女子大学で博士号を取得した生物学科のタフシラもいます。また、お茶の水女子大学で修士号や博士号を取得した講師陣もいます。

カブール滞在時には、ときどき、カブール大学も訪問しました。10年には、理学部生物学科のタフシラを訪問しました。タフシラが案内してくれた大学の実験室には、壁の一面に戸棚が並んでいました。古い薬品と少しのガラス器具、わずかな古い器具があるだけです。そんな状況の中で、彼女は「私、ＰＣＲがやりたいんです」と澄ました顔で言います。PCR法は、遺伝子の本体であるDNAを増幅させるための方法。実験器具も薬品もない中で実験することはできません。悲しいことですが現実を受け入れ、その中で何ができるかを考えることが必要ではないかと思ってしまいます。生物学科の薬品は古く、すべて期限切れだといいます。薬学部にはもっと薬品がありそうですが、学部間でのやりとりはできないのでしょう。

その後、奈良女子大学で修士号を取得したタヘラのいる化学科の教官室へと向かいました。日本大使館の留学試験に合格し、京都大学を経て立命館大学に留学していたという教員も在室しており、しばらくみんなで話をしました。生物学科に比べ、化学科のほうがファンドも多くとっている感じがしました。でも、多くの学生が抜けていって、結局卒業できる学生は随分減るとのことでした。

タヘラ（左）とディーバ（右）

この日の昼食は、コンピュータセンター横のディーバのオフィスで、彼女が作ってくれたインスタントラーメンですませました。ファンドが切れてしまったセンターに学生の姿はなく、がらんとした箱だけになってしまっているのはとても残念なことです。

ディーバから聞いたアフガンの大学入試制度についても紹介しておきたいと思います。

まず、入試問題作成委員会ができ、携帯電話もかけられない状態にして、入試問題を作る。アフガニスタンでは全国一斉に試験ができないので、何種類もの試験問題を作り、それぞれの州に出向く委員を決めて、問題を持っていって入学試験を行う。問題は変えると言っているが、同じ問題が使われることもある。問題はすべて回収することになっているが、配られた問題をいろいろな所に隠し、問題をもらっていないと言ってもう一部もらい、それを高く売るといった不正もある。また、問題によって難易度が違うにも関わらず、点数で決めるので、同じカブール大学に入った学生でも、とくに、郡部から来た学生のレベルは低く問題が多い。

教員養成学校については、希望する学生が定員に満たなければ、合格点に達していない学生の中から定員を埋めることになる。

カブール大学での講義

17年にもカブール大学を訪問しました。空港近くに住むカリマ宅に宿泊していましたが、交通渋滞を避けるため、7時には大学に到着。しばらくするとアデラが現れ、ほどなくタヘラもやってきて、懐かしい再会を果たしました。この年、カブール大学理学部では改組が行われ、それまでの学科が学部になったとか。タヘラは化学部長になったとこのことで、すっかり貫禄ができていました。また、タフシ

タヘラに案内された化学の講義室（10年）

ラは生物学部長からさらにもう一つ上の地位に就いたとのこと。日本の女子大学で学位を取得した女性たちが活躍しているのはうれしいことです。

この日は、タフシラの依頼で、生物学部の学生を対象に、9時半から90分の講義をする約束をしていました。私は中等教育学校の教師であり、大学生対象のテーマで講義はできないと言ったのですが、それでも良いから、実験を取り入れた授業をしてほしいと依頼を受けたのです。準備に1時間ほしいと言っておいたら、8時に助手が来るからラボを使うようにとのことでした。8時ごろ、生物学部のオフィスに行くと、先生方が出勤簿にサインをするためにやってきました。しかし、タフシラが指示をしておいたという准教授は来ておらず、タフシラの助手は何も聞いていないといいます。いずれにせよ実験準備が必要なので、実験準備室らしい部屋に案内してもらい、持参した薬品と器具を広げて準備を始めました。助手の男性から「何の実験をするのか」と聞かれ、「果実は光合成をするか」の探究活動だと伝えると、クロロフィルの抽出実験かと聞きます。今回はpH指示薬を使った実験であると答えると、「pH指示薬なら、ここにもあるよ」と、戸棚から、ユニバーサルのpH試験紙を出してきました。ユニバーサルpH試験紙というのは、液体の大まかなpHを調べることができるだけである上に、出されてきた試験紙は、およそ使い物にならない古くて変色した代物でした。私が日本から持参したBTB溶液は、わずかなpHの変化を知ることができます。ここには蒸留水などはないので、持参したミネラルウオーターで希釈すると青緑色になりました。息を吹き込むと少し色が変わったので「まあいいか……」と妥協したのですが、ちゃんと簡単に黄色くなる水を使うべきだったと後で反省することになります。

実験準備を終え、9時半に講義室に向かうと2回生の学生たちがすでに席についていました。タフシラはまだ来ていなかったのですが、時間になったので話を始めました。すると、助手の男性が通訳をし始

カブール大学で活躍する元留学生たち　左からアデラ、私、タフシラ、タヘラ、カリマ

めました。カブール大学の学生なので、ゆっくりはっきり話せば英語で大丈夫と思っていたのですが、いちいち通訳するので時間がかかります。最初は日本の生物教育の現状について話し、教師が一方的に講義をする授業形態から、生徒が主体的に学ぶ学習法に変わろうとしていることに触れた上で、「ピーマンは光合成をするか」の探究活動の話に移る予定でした。しかし、多くの部分をとばして実験の話をすることにしました。ピーマンを準備することができなかったので、緑色と赤色の葉、バラの花弁、対照実験の4種類を準備しました。いい状態のBTB溶液が準備できなかったのですが、蒸留水などなく、持参したミネラルウオーターもなくなったので、まずいなあと思いながら、しかたなく青緑色のBTB溶液を使いました。その結果、どの試験管のBTB溶液の色も変化しないという結果になってしまいました。いつの間にか、タフシラも現れ、通訳は助手からタフシラに変わっていました。

実験結果がうまく出なかったことについて、タフシラは「中道先生、時間が短かったからということにしましょう」と小声で言います。しかし、結果が出るのにそんなに時間のかかる実験ではありません。今回はうまく結果が出なかったが、実験では思い通りの結果にならなくても、その原因を検討することが大事であると、学生たちには伝えました。

その後、私が日本で実施した実験の結果をパワーポイントで例示し、その結果を考察する活動を行いました。結果から何がわかるかについて、少しの時間をおいて質問すると、「わかりません」という答えが返ってきました。科学では実験結果について考察することが大事であることを伝え、再度時間を与えると、あちこちで議論が始まりました。「ピーマンは果実だから光合成しない」「果実が光合成しないなら、スナップエンドウが光合成するのはどうして?」「スナップエンドウは表面に気孔があって気体を取り込むことができるが、ピーマンは表面がワックスでおおわれているので、気体の出入りができないため、光合成が妨げられる」など、一応、自分たちの考えた意見が出るようになり、その頃になると、学生たちはしっかりと議論をする雰囲気になっていきました。

それにしても、実験室はないないづくしです。ビーカーやメスシリンダーは汚れたものがわずかにあるだけ。タフシラは顕微鏡はたくさんあると言っていましたが、それほど多くの台数があるようには見えませんでした。こんな状況の中で学んだ学生たちが留学した時、すでに多くの観察・実験を行い、レポートや卒業論文を作成してきた日本の学生と同じスタート地点に立ち、大学院で研究を始めることができるのでしょうか。日本の大学で学ぶとき、文系では日本語が必須となるでしょう。それに比べ、理系は英語ができれば、専門用語は英語で済むし、実験などは見てわかる部分もあるので、日本で学ぶことが文系に比べればしやすいはずです。しかし、実験技術や考察する力がついていない、しかも基礎知識も不十

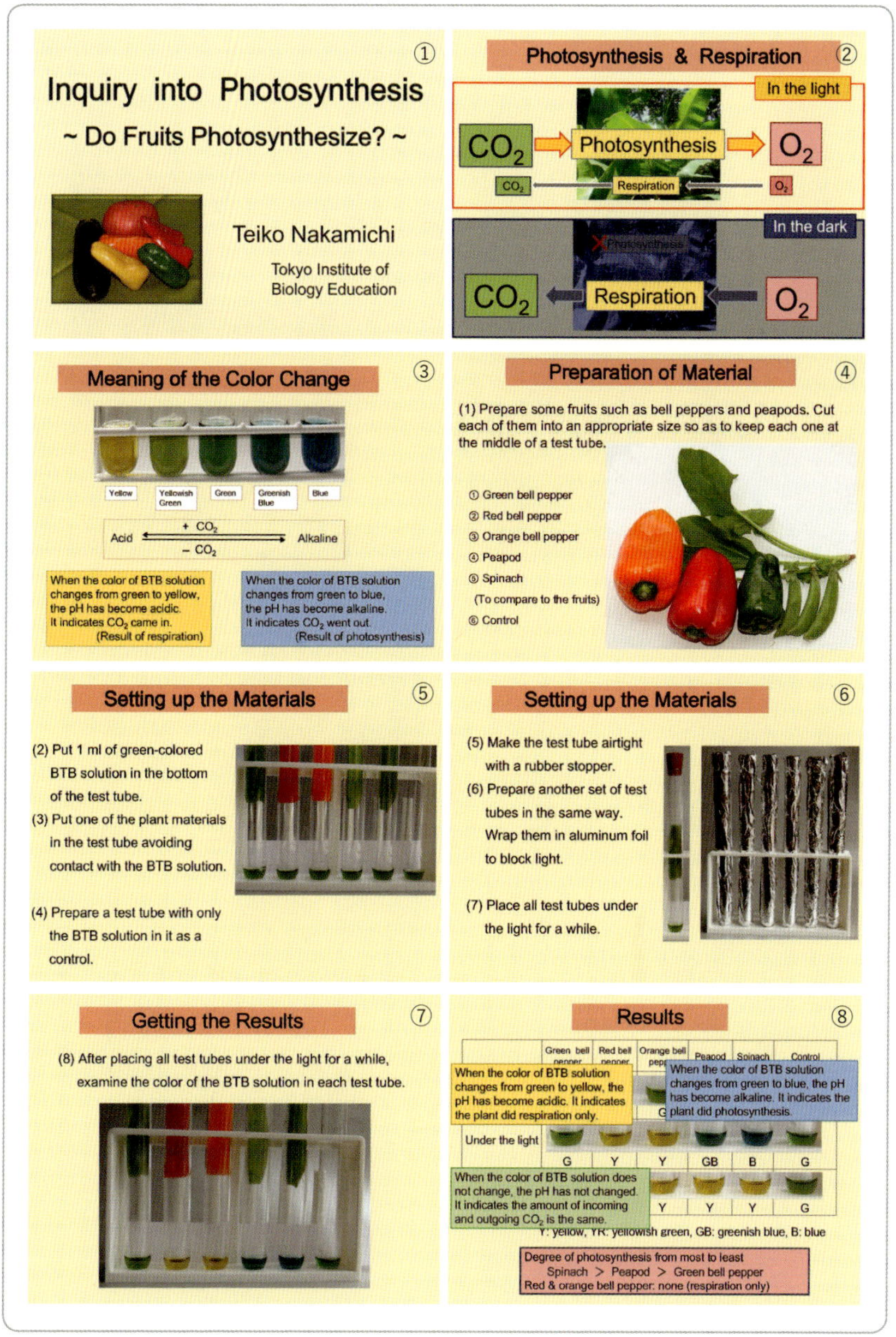
①
Inquiry into Photosynthesis
~ Do Fruits Photosynthesize? ~
Teiko Nakamichi
Tokyo Institute of Biology Education
Photosynthesis & Respiration ②
In the light
CO2
Photosynthesis
O2
CO2
Respiration
O2
In the dark
Photosynthesis
CO2
Respiration
O2
Meaning of the Color Change ③
Yellow
Yellowish Green
Green
Greenish Blue
Blue
+ CO2
Acid
Alkaline
− CO2
When the color of BTB solution changes from green to yellow, the pH has become acidic. It indicates CO2 came in. (Result of respiration)
When the color of BTB solution changes from green to blue, the pH has become alkaline. It indicates CO2 went out. (Result of photosynthesis)
Preparation of Material ④
(1) Prepare some fruits such as bell peppers and peapods. Cut each of them into an appropriate size so as to keep each one at the middle of a test tube.
① Green bell pepper
② Red bell pepper
③ Orange bell pepper
④ Peapod
⑤ Spinach
(To compare to the fruits)
⑥ Control
Setting up the Materials ⑤
(2) Put 1 ml of green-colored BTB solution in the bottom of the test tube.
(3) Put one of the plant materials in the test tube avoiding contact with the BTB solution.
(4) Prepare a test tube with only the BTB solution in it as a control.
Setting up the Materials ⑥
(5) Make the test tube airtight with a rubber stopper.
(6) Prepare another set of test tubes in the same way. Wrap them in aluminum foil to block light.
(7) Place all test tubes under the light for a while.
Getting the Results ⑦
(8) After placing all test tubes under the light for a while, examine the color of the BTB solution in each test tube.
Results ⑧
Green bell pepper
Red bell pepper
Orange bell pepper
Peapod
Spinach
Control
When the color of BTB solution changes from green to yellow, the pH has become acidic. It indicates the plant did respiration only.
When the color of BTB solution changes from green to blue, the pH has become alkaline. It indicates the plant did photosynthesis.
Under the light
G Y Y GB B G
When the color of BTB solution does not change, the pH has not changed. It indicates the amount of incoming and outgoing CO2 is the same.
Y Y Y G
yellowish green, GB: greenish blue, B: blue
Degree of photosynthesis from most to least
Spinach > Peapod > Green bell pepper
Red & orange bell pepper: none (respiration only)

実験の説明

生物の講義風景

分……という中でいきなり日本の学生と共に学ぶのは、本当に並大抵のことではないと思いました。

生物講義の後、カリマからの要望で、数学部の学生たちに、日本での奨学金取得の方法を、主として国費留学生について説明しました。まずは、引き受けてもらえる先生を探さなければならないと言うと、どうやって見つければよいのかと質問がありました。大学教員は国際学会などで知り合いの研究者も多く、情報交換ができます。あるいは、大学間協定を結んでいることも多く、大学の「国際交流課」等に相談して留学先を探してもらえます。ただ、カブール大学の場合は、留学情報が来ても権力者が独り占めしてしまうケースも多くて、一般の教員や学生にまでその情報がいきわたっていないのが現状なのかもしれません。これまでの留学経験者から、大学の情報を得るのが一番可能性のあることでしょうか。

アフガニスタンの治安状況は悪くなる一方です。明日への希望が見えない中、教員や学生の中には、海外で学ぶ機会を得たいと思っている者も多いのかもしれません。教育は、国の未来を築く上でとても重要であるにもかかわらず、その教育が崩壊しようとしているように思えて、本当に心が痛むことばかりです。

カブール教育大学訪問

２００３年に理科のワークショップを開催した折のカウンターパートは、カブール教育大学の教員であるアサドラとナビでした。その後、アサドラは支援学校に異動し、ナビとは連絡がとれなくなりました。しかし、03年のワークショップに参加していたスタニックザイと06年に話をする機会があったことがきっかけで、その後はスタニックザイを訪問するようになりました。

08年、ディーバ家から高等教育省の通勤バスを利用しました。バスは高等教育省前で停まった後、カブール大学の中に入り、大学内の数か所で停まった後、カブール教育大学へと向かいます。ディーバ家を出発してから30分ほどで到着しました。

教育大学にはマスターコースができていました。ＵＳＡＩＤのＨＥＰプロジェクトによる大学院です。Graduate Studies Center と名づけられ、生物実験室などのある建物の1階にオフィスがありました。スタニックザイがディレクターを務めていました。22人の学生が2年間学んで修士号を取得することになっています。45歳が年齢制限で、男性11人、女性11人が所属していました。12人はカブール教育大学出身者で、10人は地方出身者とのことで、バーミヤンからも2人が学んでいました。

数学部の学生に留学について説明

議論する大学院生

講義室は少し狭いけれど、木製机といすが22個用意され、その他にプラスチック製のいすもあって、ディスカッションするときには、グループごとに机の周りに座って議論することができるように工夫されていました。スタニックザイは、アメリカやインドに研修に出かけたとのこと。時には1日10時間にも及ぶ議論を重ねたと、大いに張り切っていました。2階の図書室奥には大学院生専用の図書室があり、コンピュータも備えられていました。

註：USAID　USAgency for International Development　米国国際開発庁。HEP　Higher Education Project の略。

スタニックザイに連れられ、サイドジャマルディン教員養成学校（TTC）にあるオフィスに出かけました。全国のTTCで使用するシラバスが出来上がっており、いろんな先生方が教科書づくりに忙しく、ちょうど、教科書の原稿をワードで清書しているところでした。縦横の比率が違うため、ダーウィンの顔がやたら細長かったり、光合成の式が旧態然としていたりと、内容は改善する必要のあるものに思えました。

新しいＴＴＣの建物には、ＳＴＥＰのオフィスもありました。鳴門教育大学の小野由美子先生がおられると聞き、翌日訪問しましたが帰国された後でした。このプロジェクトはディーバも手伝っているとのことで、岡山大学の喜多雅一先生の指導の下、４～５年生用教員指導書の実験について、次女のガウガを使い、実験している様子や授業の進め方についてビデオ撮りを行ったと。編集後ＣＤにして配布する予定とのことでした。地方の現状を知るためのリサーチも行われているようで、教育支援に関わるプロジェクトが進められている様子を知って、とてもうれしく思いました。

註：ＳＴＥＰ　ＪＩＣＡが実施した教師教育強化プロジェクトのこと。カリキュラムに対応した教師用指導書と研修マニュアルの作成、指導書を活用した短期研修の実施、無資格教員への資格付与や教員養成・研修のカリキュラムの見直しなどの支援が行われました。（ＪＩＣＡのウェブサイトより）

元カウンターパートだったアサドラとも連絡がとれ、再度、教育大学を訪問しました。彼の授業が終わるまで、生物教員室を訪問し、ハリム生物学科長や元カウンターパートのナビにも会えて、いろいろと話しました。以前は、私が出かけると授業をほっぽり出して対応してくれたアサドラですが、きちんと授業を行った後にやってきました。生物実験室を見せてほしいとの依頼に、アサドラ、ナビと学科長の３人が同行してくれました。03年に東京の高校から寄付された古い顕微鏡に加えて、新しい顕微鏡も入っていました。薬品やガラス器具もきちんと並べられています。03年に持参したpH試験紙はほとんど使われないまま残っていましたが、ゴム栓やピペットなどを区分して入れておいた引き出しの中の小物は、ほとんどが

TTCにて教科書編纂中

教育大学の生物実験室

消えてなくなっていました。

前年の訪問時、窓際の机の上あった骨格標本はちゃんと残っていました。学生と一緒にこれらの標本をつくったというナビは、「バーミヤンに持っていくか」と聞いてくれました。ニワトリ・ハト・カエルの骨格標本をもらい、ハトをチャプダラ校に、あとの2つをセントラル女子高校に持っていくことにしました。ハトの骨格標本を使った授業については、すでにご紹介しました。

09年もカブール教育大学を訪問することになり、7時半にディーバ家の前から高等教育省の通勤バスに乗り込みました。この日、ディーバは8時から講義が始まるといいます。高等教育省の通勤バスはカブール大学から教育大学へとまわるので、ディーバが先に降りることになります。ディーバは教育大学まで一緒に行き、スタニックザイがいることを確認してカブール大学に戻るといいますが、それでは講義に間に合いません。大学の中にできた規律委員会のメンバーであるディーバ自身が講義に遅れることは、望ましくありません。心配するディーバをカブール大学で降ろし、バスに同乗していた教育大学職員と一緒に、教育大

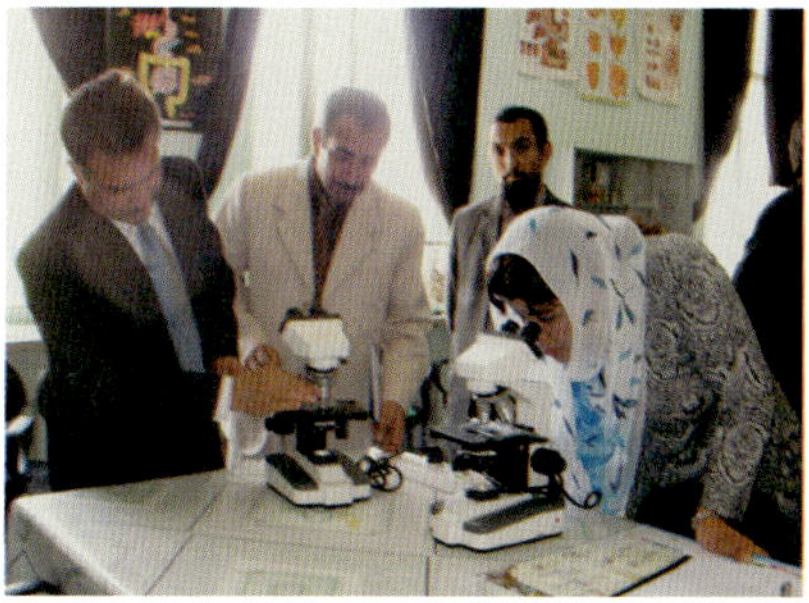

実験室に集まってきた先生たち

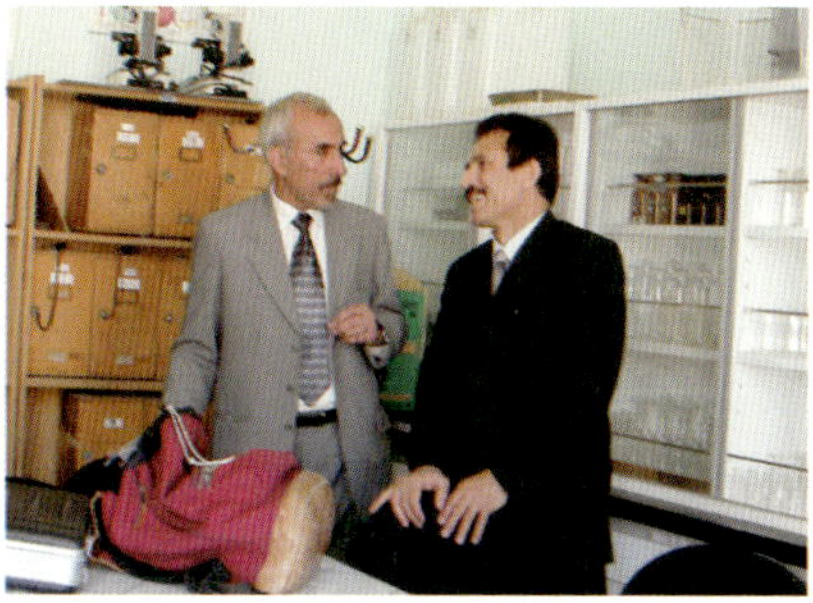

ハリム学科長（左）と元カウンターパートのアサドラ（右）

学に向かいました。彼女は親切に、スタニックザイの部屋までついてきてくれました。教育大学は何度も訪問したことのある場所、中の様子はよくわかっているので何も心配はありません。しかし、スタニックザイは、「ディーバさんが心配していて、あなたが到着したら連絡してほしいと言っていたから」と、私と無事に会ったことを電話で報告をしてくれました。何もないように見えていても、いつ、何が起こるかわからない状況の中で暮らしていると、彼女が心配するのもしかたないことなのでしょう。まして、私は外国人なのですから、ひと時も離れないように……と気を遣ってくれているのが痛いほど感じられます。

今回は、DNAにまつわるいくつかの観察・実験材料を持参していることをスタニックザイに告げ、3階のおなじみの実験室に行きました。「学生に教えたい？　教員に教えたい？」と聞かれ、「時間があれば学生にも参加してほしいところだけれど、今回は時間がないので先生方に伝えたい」と答えました。

しばらくしてハリム学科長や03年のワークショップでおなじみの顔がいくつかそろいました。前日、マリアン女学校で実施したのとほぼ同じ内容で実験を紹介しました。03年に実施したDNA抽出実験もよく覚えてくれていました。ゴム栓やピペットなどの細々としたものはほとんどなくなってしまっていますが、顕微鏡もありますし、比較的いろんなものが残っています。これらをもっと有効に使えるようなお手伝いがしたいものだと思いながら、この年の訪問を終えました。

10年はカブール教育大学を訪問するための十分な時間がなく、帰国前日午後のわずかな時間にスタニックザイを訪問しました。今年はDNA模型を持ってきたことを告げました。このモデルは、トリプレットコドンの話にも使えることを説明します。持参したヒトゲノムマップやアルテミア（ブラインシュリンプ）にも興味をもってくれます。イシクラゲを見せると、同じシアノバクテリアであるアナベナという学名も出てきて、分類学上の位置づけがきちんとわかっています。スケッチのしかたの説明用にと、附属小学校の児童が描いた植物のスケッチを渡すと、コピーをしてみんなに渡すと喜んでくれました。アフガニスタンの中で、通訳なしで楽しく、いろいろな生物の話ができるのはスタニックザイです。教育大学は、実験室についてもカブール大学生物学科のラボより充実し、機能しています。

大学院では卒業生も出ていて、彼らは教育省管轄の役所で活躍しているようでした。男女半々なのもうれしいことです。ディーバも話に加わります。彼女はSTEPプロジェクトの教師用指導書の翻訳を巡ってトラブっていると嘆いています。英語・ダリ語・パシュツー語に翻訳する際、訳が間違っていると役人から難癖をつけられ、作業がとまっているというのです。スタニックザイも、教育心理学の本の出版に際し、同じようなことが起こっていると話しました。結局、誰かが自分の利益になるような算段をはかろうとしてのことのようでした。

11年には、カブールに到着してすぐ、スタニックザイに電話をしました。「バーミヤン訪問後に教育大学を訪問するのはどうか」とアポを取ろうとすると、その日は忙しいから前日に来てほしいと言われました。その後、約束した日にパルワンに行くことになったので、その前日ではどうかと、彼から電話がありました。約束をしていても、いなかったり、遅れてきたりする人もいるアフガニスタンで、いつも、きちんとアポが取れるありがたい人物です。カブール教育大学大学院ディレクター、大学の生物学教授、教科書執筆など、あれこれの仕事を精力的にこなしています。

約束した日、生物学科長のハリムも同行して実験室に行き、器具をチェックし、2日後午前10時に訪問して実験をする際に必要なものを伝えました。いろいろな色のピーマンとサンドマメ、バナナの準備も依頼しました。私の紹介する実験は中等教育レベルのものですが、教師が一方的に講義をするスタイルではありません。身近にあるものを用いて、生徒が主体的に考える授業の紹介に関心をもってくれるので、いつも教育大学の訪問が楽しみです。

今回は、以下の実験準備をしてきました。

・DNAモデル作成型紙
・DNAからタンパク質ができるまでの説明資料（これを用いての実習）
・バナナからのDNA抽出実験
・pH指示薬を用いた光合成の実験（果実は光合成をするか？の探究活動紹介）
・簡易分光器の作成資料
・顕微鏡の使い方のDVD

実験日には、約束通りのものが机の上に並べられていました。7〜8人の教授陣も集まっています。03年のカウンターパートだったナビは、海外に出かけているとのことでした。支援学校に異動したアサドラですが、スタニックザイが電話をすると、少しの時間顔を出してくれました。

光合成の実験は、実験方法を演示するだけに終わりましたが、対照実験用試験管にゴム栓をするのを忘

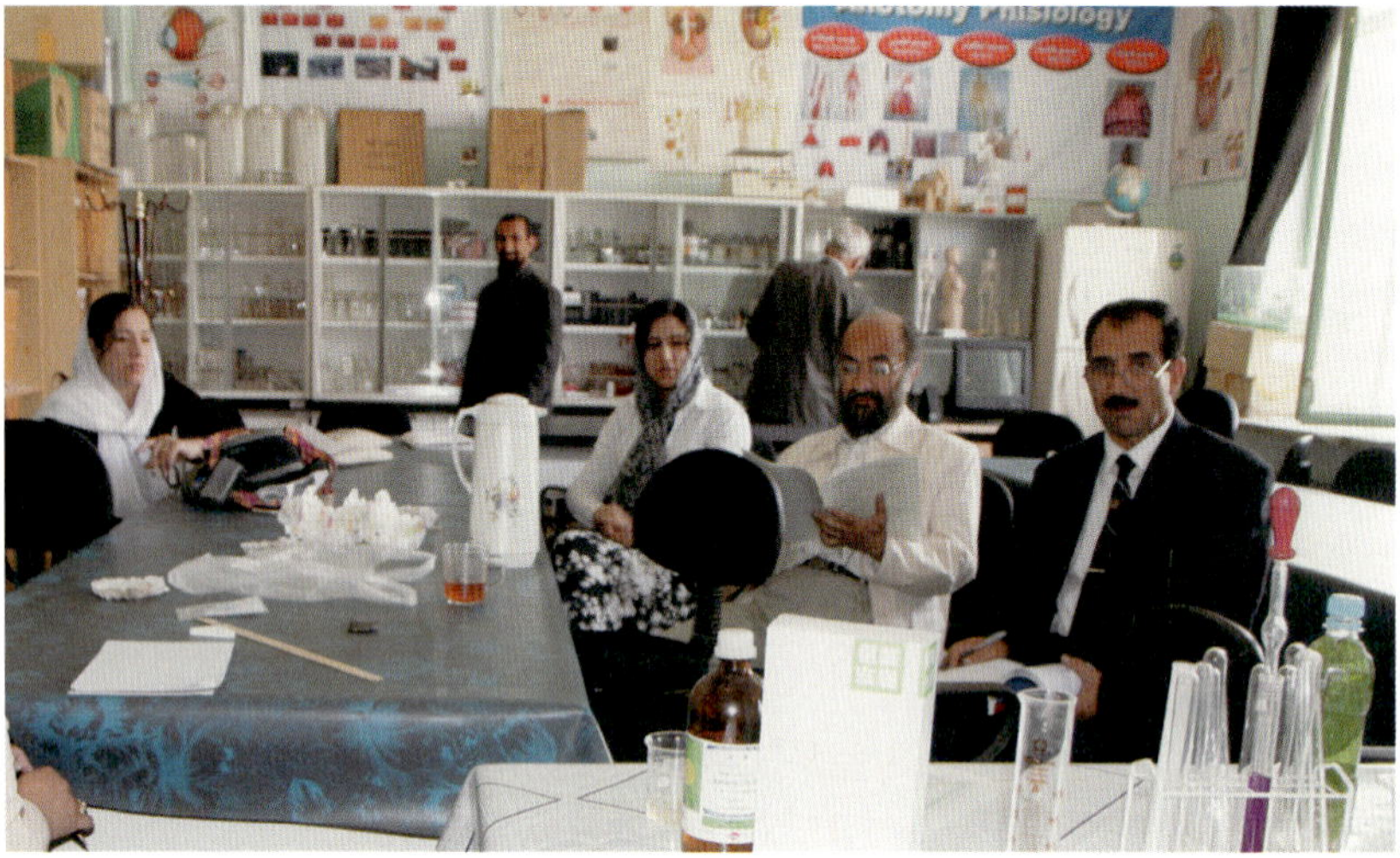
実験風景

れると、「対照実験をしなくてはいけない」と指摘を受けるなど、きちんとした反応が返ってきます。バナナの実験では、それぞれの操作の意味について質問をしてくるなど、教育大学ではいつも、ちゃんとした反応が返ってくるのはうれしいことです。pH指示薬の実験は、1mℓの指示薬を試験管に入れて使うのですが、とても反応が敏感なので、きれいに洗浄した試験管を用いる必要があります。しかし、発展途上国では、きちんと洗浄された試験管の準備が難しいなど、日本では当たり前のことが実施できないという問題もあります。

実験には、大学院で学んでいる教員も含まれていましたので、昼食は彼女たちと一緒に食べました。ナンとケバブ、バナナと飲み物というアフガニスタンでは代わり映えしないメニューです。女性が海外で修士号を取得することについて意見を求めました。「希望者の半分くらいは、海外に女性を出すことに反対する父親や兄弟がいます。私もそうでした」という答えが返ってきました。彼女たちの教員室には、鮮明なカエルの解剖図や植物の構造図がありました。日本から寄贈されたもののとのこと。

これは英語でしたが、ダリ語も含めたチャートをもっと作成し、広く配布できればよいのにと思いました。

スタニックザイに教育大学の状況を聞くと、教員については博士号をもった人が3人しかいない。もっと博士号をとる必要があるとのことでした。日本での取得の可能性について聞かれましたが、言葉の問題があり、日本で教育学の博士号をとることは難しいと説明しました。私の方からは、大学を卒業したばかりの女子学生が、日本で修士号取得を希望する可能性について聞いてみました。希望する学生はいるとのことでした。しかし、今までそんなオファーがなかったとも。たとえ留学を希望する女子学生がいても、海外ではどんな留学制度があるのか、申請はどうすればよいのかなどの情報が不足しているため、海外で学ぶ機会を得ることはとても難しいことと思えました。

カブール教育大学では、USAIDの支援で大学院ができて11年で4年目です。卒業生は、各地に戻って活躍しているようです。スタニックザイは、会った翌日にはUN機でバーミヤン大学にモニタリングに出かけると言っていました。バーミヤン出身で教育学修士号を取得した人のモニタリングです。

大学院で学ぶ教員と昼食

サイドジャマルディン教員養成学校（TTC）訪問

2002年、初めてTTCを訪問したときには、ロケット弾が落ちて壊れた校舎があって、そのことがとても印象に残っていました。しかし、03年3月には、生物の新しい校舎が完成しており、JICA短期専門家として訪問したときには、TTCをオフィスに利用しました。生物教員のロウジアは5女子大学コンソーシアムが実施した女性教員支援プログラムで、03年2月に日本にやってきた女性教育者たちのメンバーの一人でした。3月のワークショップ時には、日本から帰国して間もないロウジアが手伝いをしてくれました。また、06年には、彼女の要請でワークショップを実施したこともありました。TTCは訪問したい場所の一つでしたので、09年の訪問時には、ディーバに、私が訪問したいと言っていることをロウジアに電話で伝えてもらいました。

約束の日、高等教育省の通勤バスでTTCに向かいました。8時半頃、ロウジアがやってきましたので、DNAに関するいくつかの実験用具や資料を持ってきたことを説明し、午前中に何ができるかを話し合いました。その結果、生物教員と学生を対象にして細胞分裂観察の授業を行うことになりました。顕微鏡の状態のチェックもせずにいきなりの授業、しかも部屋はとても狭くて机間巡視もできない状況でした。結局、時間内に細胞分裂を見られたグループはなく、とても残念な結果になりました。予備実験や前もっての観察器具などのチェックは必須であることを痛感しました。

それでも折角の機会なので、TTCの附属学校も訪問しました。9年生までの生徒が学んでいるというので、7年生での顕微鏡観察の授業ができないかと申し出ました。幸い、校長が物理の先生ということで、ディーバが7年生の授業をできるように交渉してくれました。7年生の生徒たちはダリ語の授業中だったのですが、しばらくすると実験室にやってきました。「学校には2台の顕微鏡がある」とのことでしたが、1台は実体顕微鏡で細胞観察には使えず、もう1台の顕微鏡も壊れていました。まずは顕微鏡のチェックをすべきだったと後悔しましたが、時間を割いてもらったのですから何もしないわけにはいきません。急遽、校舎の周りにあるアブラナ科の花の観察をすることにしました。

生徒たちはみんな、ノートはちゃんと持っています。「一つの花を観察して、大きくスケッチしてください。そして、各部分の名称を記入してください」という指示を出すと、みんなスケッチを始めました。スケッチを終えるのを待ち、数人の生徒を黒板のところに来させて、スケッチしたものを描かせようと思いました。しかし、「実験室」といいながら、生徒たちは2つの長机の周りにぎゅうぎゅう詰めで座っているので、真ん中に座っている子供は、黒板の所にでてくることもできません。しかたがないので、生徒のノートを借り、私のほうで彼らのスケッチを板書しました。

生徒の中には、花弁が4枚の花を描いている生徒と、5枚の花弁を描いている生徒がいます。「同じ花を見ているのだけれど、花によって花びらの枚数は違いますか?」と聞くと、「同じ」という答えが返ってきます。何枚かを改めて数えさせ、4枚であることを確認しました。次に、花びらの形に注目し、形の違ったスケッチをしているものと正確にスケッチしているものを板書して、どちらが正確に描けているかを質問しました。こんなやりとりを繰り返し、理科の観察では、しっかりとものを見ることが大切であることを話して締めくくりました。7年生では、根・茎・葉の構造は学習しているけれど、花の構造は9年生での学習事項だといいます。しかたないので、花の構造図を描き、花には、めしべ・おしべ・花弁・がくがあることを伝えた上で、生徒自身のスケッチで、おしべをたくさん描いているものや形の違うものを取り上げて、正しいおしべの数や形を確認させました。めしべが1本あること、がくが4枚あることも生徒自身が自分の観察を通して確認できました。

時間があれば、タンポポの花の構造についても考えさせたかったのですが、時間がなくなったので、「タンポポは、これが一つの花です」といって、小さな一つの花を取り上げ、「どれがめしべ・おしべ・花びら・がくにあたるか考えてみてください」と投げかけるだけで終わりました。最後に、「理科では自分の目を使ってしっかりと観察し、自分の頭をしっかり使って考えることが大切です。これからもそういう態

アブラナの花の観察をする生徒たち（左に立っているのはロウジア）

顕微鏡のメンテナンスをする学生たち

奈良女からの顕微鏡で観察する付属学校の生徒

度をもっていってください」と話して授業を締めくくりました。

　このときの訪問で、TTCには顕微鏡が十分でないことがわかりました。生物教育にとって、顕微鏡はとても大切な器具です。12年、奈良女子大学の春本晃江先生から「生物学科で、単眼顕微鏡が不要になるので、よければアフガンで使ってください」とのとてもうれしいお申し出がありました。しかし、大学の顕微鏡は1台が10キロ以上もある重たいものです。20台もの顕微鏡をどのように運ぶかが問題。幸い、鳴門教育大学にはアフガニスタンからの研修生がおられ、彼らが持ち帰ってくれることになりました。奈良女では、学生さんたちがていねいに顕微鏡のメンテナンスをし、箱の中に折り鶴を入れるという温かい気持ちを込めてくれました。無事にＴＴＣに届いた写真がメールに添付して送られてきたときには、感謝の気持ちでいっぱいになりました。その後、ＴＴＣ訪問ができていませんが、今も活用されていることを願うばかりです。

マリアン女学校訪問

マリアン女学校は、１年生から12年生までの児童生徒が通う学校です。女学校といっても、低学年には男子児童もいます。生物教員であるライリマに初めて出会ったのは２００２年、５女子大学コンソーシアムによる事前調査団の一員としてカブールを訪問したときでした。持参した顕微鏡を使って授業をし、生徒たちの喜ぶ姿に満足していると、「私に顕微鏡を貸してください。それを使って自分で生徒たちに説明がしたい」と申し出た先生がライリマでした。彼女の言葉で「私が主役になるのではなく、観察・実験を取り入れた理科授業のできる先生をサポートすることが大切」ということに気づいたのです。03年８月、ＪＩＣＡ短期専門家としてカブールでワークショップを実施したとき、彼女は参加者の一人でした。ワークショップ後、彼女が自分の学校の生物実験室で授業を行い、きらきら輝いている姿を見てとても幸せな気分になりました。このとき以来、彼女は高校の先生の中で私の印象にいちばん残る人物となりました。

そんなわけで、カブールに出かけたときは、可能な限りマリアン女学校を訪問しました。彼女は英語が話せず、私はダリ語が話せないので、いつもディーバが同行してくれます。08年、ライリマは２人目の息子の出産を控えていました。「いつまで働くの？」の質問に、「働ける限り」との返事。ディーバは「私だって、

ワークショップに参加のライリマ（中央）

授業をするライリマ

出産前日まで仕事をしていたよ」と笑っていました。産後は、3か月の有給休暇があるとのことでした。「ヒツジの脳の観察を何人かの先生の前で実施してうまくいったのよ。耳の構造の観察を指導してくれない？」と言われましたが、残念ながら、私はやったことがないので引き受けることができません。今回は「植物の構造と働き」というタイトルで授業をすることにして、授業日時を決めました。

約束した日は車のトラブルで学校に着くのが遅くなり、11時ごろからの授業となりました。今回は、「タマネギの食用部分は？」というテーマを中心に展開することにしました。後年、チャプダラ校でも実施した内容で、第2章ですでに紹介した通りです。

マリアン女学校の生徒たちはいろんな意見を言い、よく反応して楽しい授業でした。ちょっと面白かったのは、用務員のおばさんが、初めから「葉」という答えに手を挙げていたことです。この頃には、用務員のおばさんは、何度もやってくる私の実験を積極的に手伝ってくれるようになっていました。

花の構造から、タンポポの花の観察の授業や、単子葉類と双子葉類の比較などの授業も準備していましたが、時間がないので、光合成の反応式を考えるというトピックを取り上げました。こちらは興味を示す生徒も多かった一方で、中には興味を示さない者も若干ありました。最後に、光合成に関連して、気体の出入り口としての「気孔（孔辺細胞）の観察」を行いました。顕微鏡の微動ねじが壊れていたのは残念でしたが、授業で使用しているということの証拠ともいえるのでしょう。

09年6月、8時にディーバ家を出発し、9時過ぎにマリアン女学校に到着すると、日本女子大学で博士号を取得し、同年3月に帰国したカブール大学生物学科教員のタフシラが職員室にいました。この頃でも教室数が十分ではなく、授業は3部制でした。この時間には高学年の生徒はまだ登校していません。11年生または12年生の授業に参加したいというと、高学年の授業は10時過ぎから始まるとのこと。しばらくしてライリマがやってきました。今年は11年生の授業は担当していないので、12年生のクラスが良いといいます。生徒がやってくるまでに、実験室で準備をすることになりました。

この年は「核とDNA」をテーマにした授業をする準備をしてきました。DNA抽出実験に使う10%食塩水をつくるため、棚にあった上皿天秤を出し、食塩10gを測ってくれるようにディーバに依頼しました。分銅を探していると、

授業を終えて記念撮影（左端が用務員のおばさん、08年）

彼女は、片方の皿に直接食塩を載せはじめます。分銅もないのに、どうして測るつもりなのでしょう。分銅を出してもらうと、今度は分銅を手でつかもうとします。ディーバはとても優秀な人ですが、実験器具はちゃんと使えないことがわかりました。しかし、決して「私にはわかりません」といわないのが、誇り高いアフガン人の欠点です。

10時過ぎに、生徒たちが生物実験室にやってきました。クラスの生徒数は40人くらいと聞いていましたが、実際にやってきたのは25人くらいだったと思います。いつも、どこの学校でも、先生がいう生徒数よりも実際にやってくる生徒数はかなり少ないことがほとんどです。

今日のテーマは「核とＤＮＡ」。準備した観察・実験は以下の通りです。今日は2時間あまりの時間がもらえるというので、余裕をもってできそうだと思いました。

(1)タマネギ細胞の観察（低倍率及び高倍率での観察）、(2)タマネギの種子を用いた細胞分裂の観察、(3)バナナを用いたＤＮＡ抽出実験、(4)ＤＮＡモデルを用いたＤＮＡの構造の理解

授業のイントロとして「これは何でしょう?」と、高校の授業でつくらせているＤＮＡ模型を示しました。今回はタフシラが通訳です。私にはダリ語はわかりませんが、それでも彼女がＤＮＡの構造について生徒に説明しようとしていることはわかりました。「違う、違う！『これは何か?』と生徒に問いかけてください」と彼女の説明を遮りました。彼女は、「ＤＮＡについては、すでに11年生で学習して知っていますよ」とすました顔で答えます。まずは質問をして生徒に考えさせる、という私の授業スタイルをタフシラはわかってくれません。私のやり方を見てほしいと言って、ディーバに通訳を交代してもらいました。彼女とは何年もペアで授業をしているので、私のやり方を良く飲み込んでくれています。

マリアン女学校には、03年にＪＩＣＡ短期専門家として派遣されていたときに購入したニコンの顕微

鏡2台が、それなりに使える状態で残っているのが何よりの救いです。それでも、40倍の対物レンズは汚れていて、使用前にきれいに拭くことが必要でした。1台の顕微鏡には100倍で見たタマネギの表皮細胞のプレパラートをセットし、もう1台の顕微鏡には400倍で見た同様の材料のプレパラートをセットしました。「400倍で見たときの様子をノートに描くよう」に指示。本来なら、顕微鏡をのぞきながらスケッチすべきですが、1~2台の顕微鏡ではそれは無理です。それでも、スケッチするように指示することで、もう一度のぞきにくる生徒が何人も出てきて、生徒たちが活動的になっていくのがわかります。バーミヤンのチャプダラ校ではノートも持たない生徒が多いのですが、マリアン女学校の生徒たちはちゃんとノートを持って授業に参加しています。視野に見える細胞の様子をノートに描かせながら、きちんと細胞の形をとらえられている者、細胞の形が不正確なスケッチをしている者、400倍のスケッチをするよう指示しているのに、100倍でのスケッチをして核がない者の3人を前に呼んで、ノートのスケッチを黒板に描いてもらいました。そして、どちらの形が正しいか、細胞内はきちんと見られているかなどをみんなに質問しながら答えさせて確認をしていきました。100倍のスケッチと400倍のスケッチを比較して違いを確認します。「400倍は100倍の4倍ですが、長さが4倍？　面積が4倍？」との質問には、「長さ」という答えが、すぐさま返ってきました。

「核の中に遺伝子があること」「遺伝子は染色体にあること」を説明し、染色体を見るための材料として適しているのはどの部分かを、タマネギの発芽種子を用いて質問しました。鳴門教育大学の米澤義彦教授からいただいた細胞分裂観察キットを使っての観察です。米澤教授はSTEPプロジェクトのメンバーのお一人であり、カブールを訪問したり、生物教授法遠隔講義で、カブール・ジャララバード・バーミヤンの各TTCを結んでの実験指導をしたりされた方です。

種皮をかぶった部分から先端までを４つの部分に分けて、どこが観察に適しているかを問うと、「先端部」と答えた生徒が一番多かったのですが、他の部分と答えた者も数人いました。すぐに正解を答えるのではなく、それぞれの判断の理由を説明させた後、「では、実際に観察してみましょう」と、細胞分裂の観察のしかたを紹介しました。酢酸液は固定のため、ダーリアバイオレットは染色体を染めるため、塩酸は解離のためであることを説明します。このあたりになると、タフシラが私の授業のやり方を飲み込んでくれ、日本語とダリ語でやり取りできるのが助かります。しかも、ディーバが物理専門なのに対し、タフシラは生物専門なので、これもありがたいことです。

生徒からは「塩酸と酢酸ダーリアを加える割合が違うのはなぜか？」といった熱心な質問も出ます。「分裂の盛んな部分はどこか」という最初の質問に答えるためには、各部分を実際に観察するのが良いのですが、時間がないので、先端部で分裂像が見られることを説明して観察に入りました。分裂像を見るのは難しく、結局、細胞分裂の観察写真を示すことで補足しました。それでも、根端部を観察した生徒のスケッチを黒板に描かせ、先の４００倍で観察した表皮細胞との違いを考えさせると、形が四角いことや核の占める割合が大きいことには気づくことができました。

次に、染色体とＤＮＡの関係をタフシラに説明してもらい、バナナの果実を用いたＤＮＡ抽出実験に取り組みました。「ＤＮＡは食塩水に溶けること」「ろ過したろ液にアルコールを加えると析出してくること」を説明しました。また、この方法では純粋なＤＮＡは得られないことも付け加えました。ブロッコ

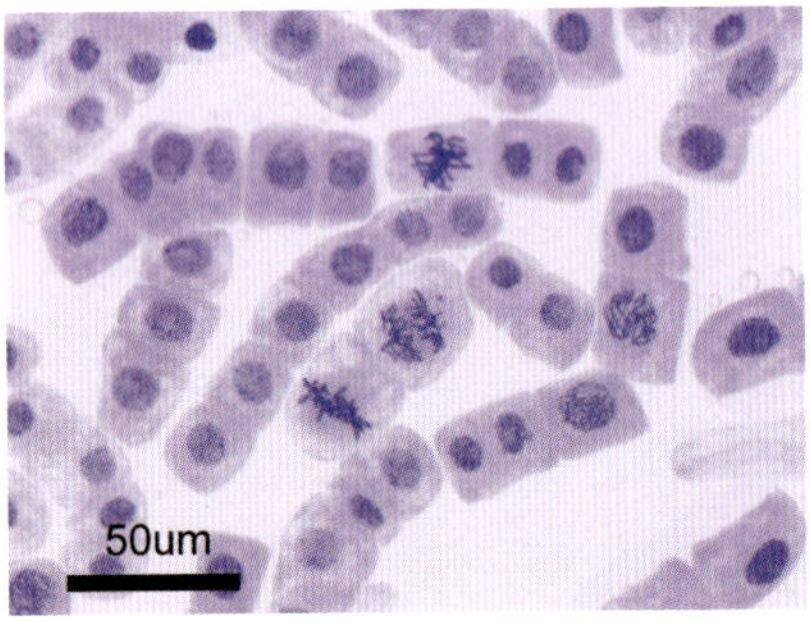

タマネギの根端の細胞分裂
（写真提供：米澤義彦氏）

DNAの抽出実験

1．バナナの食用部分をひとかけら、チャック付きポリ袋に入れて握りつぶす。
2．10%食塩水を、バナナと同じくらいの量加える。
3．さらに、中性洗剤を２～3滴加え、全体をよく混ぜる
4．コップの上にコーヒーフィルターを置き、3の液を入れてしばらく放置する。
5．コップに液がたまったら、同量の冷やしたエタノールを静かに加える。
6．白いもやもやしたDNAをガラス棒でからめとる。

リーを用いた実験が望ましいのですが、ブロッコリーはアフガニスタンでは見当たらず、また、バナナの場合は、ポリ袋に入れてもむだけでよいので発展途上国で行う実験としては優れています。今回は、コーヒーフィルターを用いたろ過を行いました。教員からは、学校にあるロートとろ紙を使ってほしいとリクエストがあり、こちらも実施しました。白いもやもやが析出し、純粋ではないものの、これがDNAであることを説明しました。

　次に、DNA模型を示し、「A・T・G・Cは何を示しているか」と質問を投げかけました。またしても、タフシラは「Aはアデニン、Tはチミン……」と自分で解説を始めます。彼女を遮って「まずは生徒に質問して」というと「もう学習しているからみんな知っています」と。質問をすることで生徒自身の知識がどれだけ定着しているかを確認できることを、再度説明しなくてはなりません。AとT、GとCが対になっていることにも気づかせます。「どうして、AとT、GとCが対になるのか?」との質問があり、「水素結合」を知っているかを聞くと、「知っている」というので、水素結合の手の数が違うことを説明しました。最後に、ワ

トソンとクリックがノーベル賞を受賞するきっかけとなった「ネイチャー」の論文のコピーやヒトゲノムマップを紹介して授業を終えました。「塩基配列はどのようにして調べるのか」といったことを質問する生徒もおり、知的好奇心が旺盛です。

授業を終えると、ディーバが「最後に入ってきた先生は生物学科長で、『今日、こんな実験の紹介があることは知らなくてとても残念だった』と言っています」と耳打ちしてくれました。「今度は先生方を集めて何日かのワークショップをやってほしい。その段取りはすべて私がちゃんとするから」と言っているとも。いつもライリマの授業が楽しく、周りのことが見えていなかった自分を反省しなければなりません。「私はライリマを教えた。彼女が私に教えるなんてことはできない」とも言っていると。いつもライリマの授業に参加していると、何人かの先生がやってくるので、声かけが行われていると思っていましたが、そうではないのでしょうか。しかも、「ライリマは参加した授業のことを誰にも伝えず、また、持参した資料や材料もすべて自分で取り込んでしまう」と彼女を悪く言う先生もいました。私は

生物の授業風景

ライリマが好きだし、彼女の授業に参加するのは楽しいけれど、それ以上に私が教えたことをみんなに広めてほしいと願っています。次年度は、作戦を変えなくてはならないと思ったことでした。

午後は、元の勤務校でいただいた英語のカードゲームを紹介したいので、7年生の授業に参加することになりました。職員室にあるテープレコーダーを使うことになりましたが、教室には電源がないといいます。ナシマ副校長が「生物のラボに生徒を集めるようにアレンジしてあげる」と言ってくれ、急遽、午前中生物実験に使った部屋で、英語の授業を行うことになりました。7年生のクラスには40人あまりの生徒がいると聞きましたが、やってきた生徒は22人でした。今回持参したカードゲームは3組だったので、生徒を3組に分けて実施しました。1回目は、チャプダラ校での実施同様、一つのカードごとにラジカセを一時停止し、取ったカードが正しいかどうかを確認しながらでした。最後に取ったカードの数を数えさせ、結果を発表させようとしたら、ダリ語で答えが返ってきます。「ここは英語のクラスだから英語で」と英語で発表するように指示しました。2回

カードゲームを楽しむ生徒たち

目はテープを流しっぱなしにして実施しました。各班に教員がついて、取れたカードが正しいかを確認しながらの実施でしたが、大体のカードは取れていたようです。ここでも、チャプダラ校とのレベルの差を感じました。

カードはすぐに傷むと思うので、なくなる前に生徒自身に絵を描かせ、自分たちでカードをつくり、今後もテープを活用してほしい旨伝えた後、充実したマリアン女学校での活動を終えて学校を後にしました。

10年のアフガン訪問時にはマリアン女学校を訪問する時間がとれず、11年に再訪問しました。訪問予定日の前日、ライリマに電話をしてもらい、今回は生物の先生方を対象に、実験を紹介したい旨伝えておきました。テーマは、DNAの模型づくりとできあがった模型を使ってのタンパク質合成の話、BTB溶液を使った光合成の実験を選びました。この年も、タフシラが通訳を務めてくれることになりました。彼女は生物教員であり、自宅がマリアン女学校から徒歩3分の場所にあることもあって非常にありがたい存在です。

10時前に学校に着くと、生物の先生方が集まってきました。講習のために授業が欠けることを危惧し、タフシラか

研修に参加する教員たち

らその旨を校長に伝えてもらいました。校長は「たとえ数時間の授業ができなくても、教員が研修をする機会を得られるのは貴重なことだ」と歓迎してくれました。午前中2時間の実習と講義を、ほとんど全員がメモをとりながら熱心に聞いてくれました。午後には違う先生方が来るので、もう一度やってくれないかと依頼され、午後にも同じ講習をすることになりました。午後も同様に熱心に話を聞いてくれました。

09年、ライリマの授業に参加した折、「ライリマは他の生物教員に知らせなかった。次回は私に連絡してほしい。私はいろいろな実験も授業で実施している」と訴えてきた教員は結婚してやめたようでした。ライリマと出会ってから9年目。変わらず熱心な教員です。結局、私にはライリマがいちばん信頼できる存在です。そんな彼女との交流でしたが、この時を最後に、治安が年々悪くなるアフガニスタンを訪問することさえ難しくなり、マリアン女学校を訪問することもできなくなったことが本当に残念でなりません。

カブールの風景

治安の問題から、大学や高校訪問なども次第に困難になっていきましたので、少し古い情報もありますが、カブールの町の様子についてご紹介したいと思います。

下の2枚の写真は、2009年に撮影したディーバ家近くの家並みです。

切り取られた風景　隣どうしの家

私は、アフガニスタンの講演をするときには、この2枚の写真を示して「切り取られた風景」として紹介します。左の写真だけを示せば、カブールは随分復興しているんだという印象を与えるでしょう。その一方で、右の写真だけを示せば、カブールはまだまだ復興には程遠いんだと思われることでしょう。私が短い時間に見たカブールは、ほんの一部でしかありません。難民キャンプの様子も、麻薬中毒の人々も、夫の暴力に苦しむ女性のことも、耳にすることはあっても、目にすることはありません。だから、これから紹介する風景もカブールのごく一面であることをご承知ください。

11年はサミールが試験中で、ホルサンドと親戚のカイハンがカブール市内のドライバーを務めてくれました。どちらも無免許運転というのですが、アフガニスタンでは当たり前と気にも留めていません。しかし、見つかれば牢屋行きと、父親は運転をしないようにと言っているとのこと。また、私の滞在中は、学校を欠席することになるのも心苦しいことです。市内だけを走っている信用のおけるタクシーもあると聞いたことはあるのですが、ディーバは非常に神経質になっていて、タクシーは絶対にだめと言います。とくに私の場合は、彼女の家に外国人がいることを知られることは避けなくてはなりません。06年には流しのタクシーを拾っていたディーバも、「今は絶対に信用できるごく近い親戚の人にしか頼めない。アフガン人は信用できない」と言います。ディーバもホルサンドも、「アフガン人の自分でさえ、一人で出歩くのは不安」というように、治安は悪化の一途をたどっていました。

それでも、11年には、奈良女留学生だったアデラ家を訪問することができました。留学中に結婚し、しばらく日本に滞在した夫との間にはセヤワシュというかわいい一人息子がいます。バーブルガーデンでは、この年も変わらず美しいバラが咲き誇っていました。

バーブルガーデンにて

サッカーを楽しむ少年たち

ホルサンド（左）とカイハン（右）

ホルサンドが通う英語の学校

アデラー家　左 11 年、右 13 年

街の風景

車を運転するカリマ

八百屋

スーパーマーケット

お菓子屋で出会った少女たち

ディーバとホルサンド（17 年）

アデラの息子を抱くディーバ（13 年）

13年、カブールの治安はよくありません。その一方で、人々の暮らしは確実によくなってきています。スーパーマーケットでは、品質を気にしなければ何でも手に入ります。町のお菓子屋さんでは、バースデーケーキを買いに来た少女たちに会いました。昔と変わらない出店の風景も見られます。休日には、楽しそうにボール遊びをする若者たちの姿も見かけました。

この年は、空港近くに引っ越したカリマ家にお世話になりました。カリマはアフガニスタンでは珍しい女性ドライバーです。でも、いつも横にはお父さんが同乗していました。周りにはたくさんのアパートが建っています。アデラ一家とも会い、成長したセヤワシュも見ることができました。

17年には、カブールの状況は悪化の一途を辿っていました。大使館街で大きな自爆テロがあり、街の雰囲気はピリピリしたものに変わっていました。アメリカ関連の機関で働くディーバは自宅待機命令が出ていて、外出ができません。それでも、なんとか口実をつくって短い時間会いに来てくれました。心労も重なっているのでしょう。ディーバは相変わらず体調がすぐれないようです。以前のような笑顔は見られず、顔色もすぐれません。「今、女子サッカーチームのコーチをしているんだ」と熱心にサッカーの話をするホルサンドの笑顔が救いでした。今は、普通の人々が普通に暮らせる日が訪れることをただただ祈ることしかできません。

おわりに

2002年1月、アフガニスタン復興支援国際会議が東京で開催され、多くの国からの支援金も決まって、これからアフガニスタンの平和への道のりが始まると思っていました。05年の訪問時は議会の選挙運動中で、何人もの知人が「私が国をよくするんだ！」との熱い思いで立候補していました。しかし、終わってみれば、結局、権力や財力をもつ人たちが当選し、力をもたない庶民である知人たちは、選挙運動にかかったお金が借金として残っただけの結果となりました。どこの国でもそうですが、期待が大きいほど、実現しない事への不満が募ります。年に一度の短期間の訪問ですが、それでも、訪問するたびに治安が悪化し、人々の失望感が広がっていったように思います。

何度か開かれた国際会議で決まった支援金も、結局、本当に必要な人々のもとには届かず、途中で消えていきました。そのうち、アフガニスタンについてのニュースのほとんどが、自爆テロに関するものとなり、爆破された建物や泣き叫ぶ人々の映像ばかりが流れるようになりました。アフガニスタン＝自爆テロ、イスラムは怖いといったネガティブなイメージばかりが膨らんでいきます。そんな中でも、一所懸命生きている普通の人々の生活があることは、多くの人の頭の中にはなくなってしまったように思えます。私が関わってきたバーミヤン、そしてチャプダラ校は、今でものんびりしたところです。そんな市井の生活に温かいまなざしを向けていただければうれしく思います。

アフガニスタン女性教育支援、チャプダラ校支援。「支援」という言葉は、「他人を支え助けること」という意味かと思います。私は、02年からアフガニスタンに関わり始め、いろいろな人と出会ってきました。

それは、決して私が一方的に支えるというような活動ではなく、私自身が多くのことを学びました。活動を続ける中で、多くの人とのつながりがもてるようになり、人生について深く考えることでより豊かな人生が歩めるようになりました。

例えば、バーミヤンに関わり始めたころ、奈良女子大学の丹羽雅子学長は「バーミヤンに行くのだったら、薬師寺の安田順恵さんに会いなさい」と、忙しい学長職にもかかわらず、安田さんにアポを取り、一緒に薬師寺を訪問してくださいました。薬師寺は玄奘三蔵と深い関わりのあるお寺です。当時、薬師寺管主夫人で、シルクロード研究者でもあり、その他多くの仕事に関わっているとても忙しい方でしたが、親切にいろんなお話をしてくださいました。話の中で、本書でも触れた西垣敬子さんや、前田耕作先生に話が及ぶと、すぐに携帯電話をとり出して電話をかけ、「あなたもちょっとお話ししなさい」といきなり電話を渡されてどぎまぎしたものです。その後、前田先生や西垣さんとのご縁をいただくきっかけになったと思っています。

アフガン関係者ではありませんが、テラ・ルネサンスというNGO創設者である鬼丸昌也さんの講演で紹介された「マザーテレサの言葉に『愛情の反対は憎しみではなく、無関心』があります。同時に、無感心・無観心であってはいけないと思います」という話を、私も自分が講演するときに引用させてもらっています。また、現理事長の小川真吾さんの講演で聴いた「微力は無力ではない」も、大切にしている言葉です。一向によくならないアフガン情勢を目の前にした時、自分の無力さに打ちのめされそうになります。そんな時、この言葉を胸に刻んでいます。

そのほか、ここには書ききれない多くの出会いがありました。私のしていることは、本当に小さな小さなことでしかありません。でも、続けていると、不思議といろんな人とのつながりができていきます。点と点がつながって線になり、線と線がつながって面になっていく……そんな人間関係を大切にしていきたいと思っています。「ダメモトで何でもやってみる」というのも、私がアフガニスタンに関わる中で身についたことです。

70歳の節目に上梓したいと思っていた『中道ママ　バーミヤンを行く!』が、延び延びになっていました。17年には何としても訪問し、本をまとめたいと思いました。しかし、4月初めころから、夫の体調がすぐれず、ひどい時は午前中起き上がれない状況になりました。出発予定日が近づいても一向によくなりません。大きな病院で検査を受けても、顔も見ずにMRIの結果だけを眺めて機械的な冷たい言葉を投げつける若い医者の言葉に打ちのめされそうになりました。そんな状況を近くに住むシステムエンジニアの長男に話すと、「お父さんの症状は、この病気と違う?」と、インターネットで調べた結果とともに、近所の専門医も捜しだしてくれました。早速その専門医を訪問し、病名がわかったのは、出発日の午前中でした。後ろ髪をひかれる思いでいる私でしたが、「ときどき見に来るから、心配しないで行ってきたらいいよ」という長男の言葉で踏ん切りがつきました。離れて住む薬学部勤務の次男には、薬のことで相談メールを送ると、忙しい生活のためにいつもは返事の遅い彼からも、すぐに適切なアドバイスが送られてきました。このときほど、家族のありがたみを感じたことはありません。体調の悪い中でも、いつも通りに送り出してくれた夫にも感謝です。

明るい未来の見えないアフガニスタンですが、「微力は無力ではない」ことを信じ、自分にできることを続けていきたいと思います。再び、バーミヤン訪問ができることを願いつつ。

クリエイツかもがわの伊藤愛さんとも長いお付き合いになりました。今回も大変お世話になり、ありがとうございました。

|著 者| 中道貞子（なかみち ていこ）
1947 年生まれ。1971 年から奈良女子大学文学部附属中・高等学校（現・奈良女子大学附属中等教育学校）の理科（生物）教員となる。2001 年から同校副校長となり、5 年間の任を経て 2006 年 3 月に退職。

退職後も、「生きものに学ぶ生物教育」「生きものはすごい！ 生物はおもしろい!!」を伝えることをライフワークとして、生物教育に関わっている。

メッセージなどあれば、右記メールアドレスへご連絡を：chapdar@gmail.com

中道ママ バーミヤンを行く！

2019年1月18日　　初版発行

発行者 田島 英二
発行所 株式会社 クリエイツかもがわ
〒601-8382 京都市南区吉祥院石原上川原町21
電話 075(661)5741 FAX 075(693)6605
ホームページ http://www.creates-k.co.jp
メール info@creates-k.co.jp
郵便振替 00990-7-150584
印刷所 モリモト印刷株式会社

ISBN978-4-86342-247-6 C0036　　printed in japan